中国社会科学院马克思主义研究院学者文库

U0885312

古道通今：道家哲学的现代化与新时代文化建设

徐沐熙 ◎ 著

首都经济贸易大学出版社
Capital University of Economics and Business Press
·北 京·

图书在版编目（CIP）数据

古道通今：道家哲学的现代化与新时代文化建设/徐沐熙著. -- 北京：首都经济贸易大学出版社，2023. 3

ISBN 978-7-5638-3493-8

Ⅰ. ①古…　Ⅱ. ①徐…　Ⅲ. ①道家—哲学思想—研究　Ⅳ. ①B223. 05

中国国家版本馆 CIP 数据核字（2023）第 050439 号

古道通今：道家哲学的现代化与新时代文化建设
GUDAO TONGJIN：DAOJIA ZHEXUE DE XIANDAIHUA YU XINSHIDAI WENHUA JIANSHE
徐沐熙　著

责任编辑　彭伽佳
封面设计　砚祥志远 · 激光照排　TEL：010-65976003
出版发行　首都经济贸易大学出版社
地　　址　北京市朝阳区红庙（邮编 100026）
电　　话　（010）65976483　65065761　65071505（传真）
网　　址　http://www. sjmcb. com
E- mail　publish@cueb. edu. cn
经　　销　全国新华书店
照　　排　北京砚祥志远激光照排技术有限公司
印　　刷　北京九州迅驰传媒文化有限公司
成品尺寸　170 毫米×240 毫米　1/16
字　　数　182 千字
印　　张　15. 5
版　　次　2023 年 3 月第 1 版　2023 年 3 月第 1 次印刷
书　　号　ISBN 978-7-5638-3493-8
定　　价　48. 00 元

传统是“一种弥合各代人之间的距离的桥梁”。

——哈贝马斯

传统是开端，起着支配的、一以贯之的作用。

——海德格尔

前　言

习近平总书记指出："文化自信是一个国家、一个民族发展中最基本、最深沉、最持久的力量。"① 一方面，党的十八大以来，习近平总书记顺应时代潮流，回应人民要求，把握历史主动，鲜明提出坚定文化自信的观点并将其纳入中国特色社会主义"四个自信"，将文化建设视为统筹推进"五位一体"总体布局、协调推进"四个全面"战略布局的重要内容。正是因为我们党把文化建设提升到一个新的历史高度，使其在科学理论的指引下取得历史性成就、发生历史性变革，进而为新时代坚持和发展中国特色社会主义、开创党和国家事业发展新局面提供了强大正能量。另一方面，在当前的国内国际形势下构建新时代中国特色社会主义文化理论来满足社会实践的需要，就要求吸收中华优秀传统文化的精华以及西方优秀文明成果，将它们与马克思主义理论进行综合、协同创新，构建成为一体化的文化体系，为中国特色社会主义现代化建设的实践服务，也为人们的生活世界提供价值

---

① 中共中央党史和文献研究院编：《习近平关于注重家庭家教家风建设论述摘编》，中央文献出版社 2021 年版，第 72 页。

和意义。总之，建设新时代中国特色社会主义文化是当前阶段的理论选择，是时代的呼唤和扎根于社会实践的问题导向。

在某种意义上，全球化是“现代性的全球化”，现代性是“全球化的现代性”。由于信息时代的到来，世界各国之间的交往日益便利和频繁，世界已然成为“地球村”一样的人类命运共同体。在这样的情况下，文化思考必然冲破民族本位和国家本位，探讨全球性话题，进行全球对话。例如，在科技和经济高速发展的今天，如何处理人与自然的关系？在社会主义市场经济不断深入发展的今天，如何处理群己关系及个体间的关系？在工具理性和价值理性失衡的情况下，如何重建价值世界和意义世界？在国际交往越来越频繁的情况下，如何建立世界伦理？等等。

我们需要以“中国主体、世界眼光”推动中国文化参与世界发展进程。中国的发展已经深刻改变了当今世界秩序，当前的内政外交已经密不可分地交织在一起，所以马克思主义在中国的第三次飞跃离不开全球化时代的国际关系背景。中国真正崛起并赢得国际社会的尊重，并不仅仅是经济力量和军事力量增强的结果，而且是对一个特定时代的基本趋势，即所谓的“时代精神”的把握，是对新时代中国特色社会主义文化体系所发挥的宏观作用的把握。这是一项长期的、系统的、全方位的中国文化形象以及中国国际角色的塑造工程。

以“中国主体、世界眼光”看待全球化和现代性，离不开对中国传统文化的“观照”和“起用”。我们要以动态的辩证思维看待传统、扬弃传统。一方面，传统是社会的有机组成部分，在自我生长、自觉发展、主动传承，甚至一直保存着自己的辩护能力。传统不是静态的、被动的待用“羔羊”，而是拥有活力的、具有主动性的自发主体，应该让传统在社会关系和矛盾中辩证地生发成长，这样才能真正激发它的自身活力。也就是说，真正的活的传统，作为一种价值资源和道德源泉，应该参与到当下的生活世界中，应该回到“矛盾”中，作为当下错综复杂的矛盾统一体中的一个方面，积极参与到社会实践中，与其他矛盾因素糅合，形成“你中有我、我中有你”的格局。只有在新的实践、新的问题意识、新的需要产生的时候，传统或者它的某一部分才能以转化了的形式，以文化升级状态进入今天新的文化意识和价值体系的形成过程中。另一方面，对传统要加以扬弃，取其精华，去其糟粕，以与新时代中国特色社会主义社会相适应。扬弃传统需要坚持标准：一是坚持真理性标准，即“析”出反映事物的客观真理又符合社会发展需要的传统观念；二是坚持人民性标准，即“析”出那些反映人民意愿、代表人民利益的传统观念；三是坚持历史性标准，即“析”出那些符合历史发展的进步趋势，符合历史发展规律，推动生产力发展，代表社会前进方向的传统观念；四是坚持人类文明标准，即“析”出那些符合人类文明理念、与人类共同价值相契合的精神文明。用这些标准扬弃道家传统文化，使其充分参与新时代中国特色社会主义文化建设。实际上，道家传统在参与建设中国特色社会主义新文化中发挥作用的过程正是它实现现代化的过程，也是它参与构建中国国家文化战略，助力中国国际角色的塑造，参与解决东西方世界价值危机的过程。

回望历史，道家传统具有“时代化”的历史阅历。中国传统文化自先秦开始便随顺现实的时代需求而不断地“时代化”。道家传统在先秦、秦汉、魏晋等不同的时代背景下呈现不同的学术样态，分别为先秦道家、秦汉黄老道家、魏晋玄学等。在新时代中国特色社会主义现代化建设的道路上，道家应该、可能、必然“时代化”，也就是“现代化”。而且吸收优秀的道家文化资源，使其成为新时代中国特色社会主义文化理论大熔炉中的一员，淬炼成为文化精华，乃至不可或缺的理论资源，是新时代中国特色社会主义文化建设的应然要求。本书试图从中华优秀传统文化中选取“道家传统”作为一例，探讨道家传统现代化是否应该参与、如何参与、怎样参与新时代中国特色社会主义文化建设，并从道家现代化“何以必要”、“何以可能”及“何以实现”三个方面展开论述，探析在当今社会“道家传统现代化”的客观必要性、现实可能性以及实现路径。

首先，把“道家现代化何以必要”作为问题提出来。西方现代性成为时代主角，科学至上性的价值取向与“人为自然立法”的哲学思想偕行。在征服自然、改造自然的过程中人类获得极大利益，相伴而生的却是人与自然关系的失衡。不计成本、不怕付出代价的逐利行为使自然界的平衡遭到破坏，自然必然报复人类。同时，人越来越物化、异化，人的道德伦理在滑坡。面对这些情况，包括西方马克思主义、西方后现代主义、中国新儒学在内的东西方哲学都对现代性进行了批判和反思。现代性的弊端越来越影响人们的当下生活，它的负面效应呼唤东方道家“应世”。从发生学角度来讲，传统具备现代性不可消解的因素；从历史学角度来讲，传统本身具有现代化的诉求；从解释学角度来讲，现代性的发展在一定程度上有赖于传统。道家是中国传统文化中的一极，而道家自身也具有和现代化对接的合理内核以及逻辑一致性，民族本位思想又使道家现代化具有内在适应力。对道家进行现代化是必要的。从道家自身的诉求来讲，它产生于中国先秦时代，生长、发展于中国传统社会，有其特定的社会历史条件，自然也有其历史局限性。21 世纪，随着生产力和科技的飞速发展，社会的经济、政治、文化和人们的思想观念等发生了翻天覆地的变化，如果道家传统不相应地发生变化，不与时俱进，不融入现代社会和现代人的生活，就是古董，就是过时的、没有生命力的文化。只有融入现代社会，进入现代人的心灵深处，它才能延续自己的生命力。

其次，论证道家现代化何以可能。改革开放时期，道家传统有过现代化的经历和经验，曾与新儒学互相推进，共同服务于那个时代现代化的学术需求。如今，全球化和国际化日益成为重要的时代背景，更加需要道家传统吸取之前现代化的经验，以升级版的现代化样态来满足新时代的需求。之所以道家传统在改革开放时期以及在新时代都有实现现代化的可能性，是因为道家自身具有现代化的内在发展逻辑和趋向，不仅具有和现代化对接的合理内核，而且民族本位思想也使它具有实现现代化的内在适应力。道家传统自身的现代化向度体现在如下方面：在政治方面，道家包含的民本思想和民主精神与近代民主相通相近；在经济方面，道家学说是市场经济的重要哲学基础之一，能够克服市场经济中的道德局限，进而有助于丰富和完善社会主义市场经济；在科学技术方面，道家学说对西方的工具理性和技术异化做出反思，并给出“以技合道”的超越性解决方案；等等。这些都说明它具有实现现代化的可能性。具体而言，在人自身、人与物、人与自然三个维度上，道家都具有实现现代化的可能性：对于“人自身”而言，以“贵生重道”的生命观和“修身养性”的心灵观融入现代化的生活世界，形成的身心和谐的价值观恰是忙碌向前的现代化停下脚步以待再出发的“歇脚处”；在“人与物”的关系上，解构现代人的“物质依赖性生存”“技术扩张性生存”的现状，相应地给出“物物而不物于物”“技道中和”的超越性解决方案；在“人与自然”的关系上，以人与自然和谐发展的思想取代西方的人类中心主义，助力新时代中国特色社会主义文化建设，致力于开辟“人与自然和谐共生”的“中国式现代化新道路”。

最后，论证道家现代化何以实现。在新时代，道家现代化的实现离不开马克思主义理论的坚定指导，离不开主流意识形态对它的大力弘扬及倡导，可以说道家现代化的实现伴随并参与马克思主义中国化理论新形态的构建过程。也就是说，只有通过贡献自己的思想精华来参与新时代中国特色社会主义文化建设，道家现代化才能真正得以实现。具体而言，就是要在“两结合”，即马克思主义基本原理同中国具体实际、同中华优秀传统文化相结合的意识形态倡导之下，以“双创”，即创造性转化和创新性发展为具体路径，吸收和借鉴近现代知识分子为扫清现代化道路障碍对道家传统批判反思的经验，在与新时代中国特色社会主义社会相适应的过程中实现道家现代化。此外，道家现代化的实现又处于马克思主义中国化、传统文化现代化、中国文化世界化的融合与发展之中，正是在这“三化”的逻辑整合中真正实现道家传统的现代化。而且在全球化语境下，全球伦理的建构以及人类文明的对话都需要道家传统作为重要的思想资源“供应方”参与其中，加之东方的道家传统与西方后现代理论在思想上灿烂相遇、亲近相通，这些都为道家传统打开了通往世界、通往现代化之门。

总之，新时代中国特色社会主义文化作为新的理论成果，处在中西古今、纵横交叉的坐标节点上，历史意义重大。从纵向角度来看，它使中国人不忘古老的传统和悠久的历史，从传统中汲取优异的养分来滋润当前的时代精神，又以时代的高速发展成果来反哺传统，使传统能够以十足的活力和积极性加入到新时代队伍中并发挥作用，传统文化现代化（含道家现代化）必然会参与到其理论构建之中；从横向角度来看，当前的国际化趋势和全球化浪潮使得中国在外交方面，除了重视政治、经济领域的交往，也十分关注文化领域的交往，重视通过外交等手段推动中国的思想、文化、精神、价值观等与他国进行互动，以强大的使命感在多样性的人类文明形态中追寻人类共同价值，让世界听到中国声音，重视中国方案，同时也必将扩大马克思主义中国化最新理论成果以及中华优秀传统文化的国际影响力。

目　录

上篇　问题的提出：道家现代化何以必要？

下篇　路径论证：道家现代化何以实现？

上　篇

问题的提出：道家现代化何以必要？

第一章 中西方对现代性的迎接、批判与反思

第一节　西方资本主义现代化的发展及后果

一　西方理性哲学与资本主义现代化的发展

18世纪，康德出于对人的存在意义的考量以及对“人是目的”这一主体性原则的阐扬，发起了“人为自然立法”的纯粹理性批判和“人为道德立法”的实践理性批判，为理性以及“运用理性的自由”开辟出了一条属于18世纪的康庄大道，以至于“‘理性’成为18世纪的汇聚点和中心，它表达了该世纪所追求并为之奋斗的一切，表达了该世纪所取得的一切成就”①。实际上，理性原则与现代化概念息息相关，甚至可以说是康德现代性思想的核心，福柯对康德运用理性原则给予了高度评价，并称其为“现代性态度的纲领”②。黑格尔在继承康德以理性为现代

① E. 卡西尔：《启蒙哲学》，顾伟铭等译，山东人民出版社2007年版，第3页。

② 米歇尔·福柯：“何为启蒙”，李康译，载汪晖、陈燕谷主编：《文化与公共性》，生活·读书·新知三联书店1998年版，第430页。

性开辟了一条认识论通道的基础上，探赜现代性的本体论实质，从而进一步挖掘理性的存在意义。他认为，理性要想摆脱外在束缚，从而确证自身并实现自己，不该重回神学窠臼，而应在绝对精神理念这一客观的现代性存在中伸展开来。马克斯·韦伯沿着近代意识哲学开辟的理性之路，以资本主义精神加持他对现代文明的理解，将现代性直接理解为现代资本主义社会的观念意识和行为方式，探索出“现代性的现象学的大纲”①，提出现代科学所代表的工具理性是现代性的价值之源这样的结论。这些理性哲学催发现代性逐步展开并不断丰盈。从 19 世纪开始，在科技革命和工业化浪潮的推动下，西方现代性取得了古典时期和中世纪时代都难以望其项背的物质文明和精神文明双重成就，这既是理性的胜利，也是“资本主义精神”的自豪。然而，伴随理性崇拜的是人的生存价值被冷落，以及人的意义世界的旁落，现代性的隐忧呼之即出。

二　资本主义现代化产生的后果及付出的代价

西方近代文明承继启蒙思想，将人权代替神权、彰显人性和人本主义的启蒙思想发挥到极致，在这一思想的指引下，西方开启了征服自然、试图让自然服务于人类的努力，主导了第一次工业革命（18 世纪 60 年代至 19 世纪中期）、第二次工业革命（19 世纪 70 年代至 20 世纪初）、第三次工业革命即科技革命（第二

① 安东尼·吉登斯：《现代性的后果》，田禾译，译林出版社 2000 年版，第 121 页。

次世界大战以后），乃至当前正在或即将来临的第四次工业革命。前三次工业革命主导的“蒸汽时代”“电气时代”“信息时代”使人类的发展进入了空前繁荣的时代，相伴而生的是人与自然之间不平衡状态的出现、人的意义世界的缺失，以及人自身的异化问题，等等。

资本主义现代化产生的各方面严重后果使西方社会付出了沉重的代价，包括“精神世界凋零的代价、主体异化的代价、自然异化的代价、理性膨胀的代价、技术僭越的代价，以及文明同质化的代价。这些都证明西方现代性文明形态是一把‘双刃剑’，既有历史的进步性，同时也带来了巨大的现代性之殇”①。而“现代社会风险与矛盾的增大，并非完全是现代性之过；现代性之困也并非完全是理性之失。概言之，这是资本主义发达国家资本扩张的结果”②。

（一）破坏人与自然的生态平衡

工业化是现代化的核心内容，是传统农业社会向现代工业社会转变的过程。那些在 19 世纪就已经完成工业化的国家最早享受到工业化带来的繁荣，也最早品尝到工业化带来的苦果。它们对自然资源的开发利用可谓毫无节制，不仅是“寅吃卯粮”，甚至可以说已经到了“竭泽而渔”的地步，导致全球气候变暖、臭氧层破坏、生物多样性减少、酸雨、土地荒漠化、国际水域与海

① 陈曙光：“现代性文明的中国新形态”，《北京联合大学学报（人文社会科学版）》，2022 年第 2 期。

② 刘国胜：《中国现代性建构与马克思主义哲学中国化》，武汉大学博士学位论文，2011 年，第 57 页。

洋污染、有毒化学品污染等自然危机和生态危机。正如马尔库塞所说，开发自然实质上就是破坏自然、盘剥自然。这些危机如果不解决好，最终会影响到人自身的生存，因为自然界绝不仅仅是人的对象化的存在，而是与人共生、共美、共和谐的。只有在与自然界的和谐统一中，人才能有自己真正的快乐与满足。如果剪断了人与自然之间的纽带，人将迷失方向，且无根基和载体可以依凭。

（二）导致人的意义世界的缺失

现代性具有无法克服的内在矛盾，尤其是工具理性和价值理性之间的矛盾。这种矛盾几乎贯穿整个现代化的过程。西方启蒙运动以后，宗教神学在科学技术面前出现颓势，科学技术在工业化进程中给人类生活的方方面面都带来极大的满足和便利，使得人们对它推崇备至。到 19 世纪末，科学与人文开始分离，科学昌明，人文衰落，工具理性凸显，价值理性缺失。个人中心主义和拜金主义盛行，人的价值观扭曲，精神生活空虚，信仰缺乏，人的价值世界和意义世界越来越淡薄甚至极度缺失。个人的迷失带来诸多的社会不稳定因素，人与人以及人与社会之间的矛盾也随之而起。

（三）导致人的物化与异化

通过启蒙建立起来的人的主体性本应在现代社会得以充分展开，结果却被现代性引发的物化社会所遮蔽。人被交给了商品世界的拜物教，商品成为人们生活乃至灵魂的中心。人不仅在商品的役使下陷入个人与整个社会制度一体化的假象之中，而且商品与人的关系发生了倒置——产品不是为了满足人们的需要而生产，而是人为了使产品得到消费而存在，对人而言，商品具有了在先的优越性，人却退居其次。实际上，追求物质享受并不是人的本质。

不仅如此，随着现代化的发展，人的主体性日益被剥夺，人被越来越深地抛入“异化”之中，人的主体地位被庞大的机器组织和茂密的技术层级所包围，劳动者与劳动产品之间的对立已经不仅仅表现为无权支配与享用它们，而是反过来被产品支配甚至成为产品的奴隶。本来由人创造的对象化的世界却反过来成为统治人自身的异化力量，人不再作为目的而存在，仅仅作为手段而存在，这背离了理性初心所指向的人的存在的意义。

中华人民共和国成立以后，我国全面开启了工业化的进程。经过改革开放，我们在经济发展水平上实现了对发达资本主义国家的成功追赶。进入 21 世纪后，我国已经成为世界经济大国之一，在经济发展的很多领域都处于世界前列。但中国和西方工业化国家一样，也承受着现代化带来的苦果和负面影响。

第二节　西方对现代性的批判与反思

一　西方后现代主义者对现代性的批判

工业革命的完成巩固了资本主义制度。任何一种制度和社会形态的出现，都是学术先行的。梁启超通过对西方近代社会变革的观察，得出了这样的结论："有新学术，然后有新道德、新政治、新技艺、新器物。有是数者，然后有新国、新世界。"① 在西方，哲学学术为资本主义制度的发展提供了理论根据。经过文艺复兴、宗教改革和启蒙运动，包括从笛卡尔开始的理性主义哲学，19 世纪以康德和黑格尔为代表的德国古典哲学、马克思主义哲学、孔德的实证主义哲学，20 世纪马克斯·韦伯的哲学、萨特的存在主义哲学、弗洛伊德的精神分析和哈贝马斯的交往行为理论等在内的西方"现代主义哲学"都以哲学的形式诠释了"现代性"。

现代性指的是自启蒙运动以来的理性主义传统，它认为历史的车轮是进步的，人类通过理性启蒙和道德改良，将最终走向解放。"把现代性区分为三个历史时期：一是面对前现代的早期现代性，二是占主导地位、起支配作用的中期现代性，三是面对后现代的晚期现代性。"② 早期现代性大致是从文艺复兴运动（14—16 世纪）到启蒙运动时期（又称启蒙时代或理性时代，18 世纪初至 1789 年法国大革命时期）；中期现代性，大致是从启蒙运动时期直到 19 世纪末 20 世纪初；晚期现代性，大致是从 19 世纪末 20 世纪初至今。哲学与启蒙的关系是现代哲学的基本母题之一。从黑格尔到霍克海默、哈贝马斯，中间经过尼采、马克斯·韦伯，都直接或间接地触碰到启蒙问题，可以说，现代性是在启蒙（或理性）中生发出来的。建立体系、运用逻辑和理性是

① 梁启超："近世文明初祖倍（培）根笛卡尔之学说"，《新民丛报》，1902 年第 1 号。

② 程广云："后现代：走向多元的现代性"，《哲学研究》，2005 年第 5 期。

启蒙的特性，它在重视客观必然性和规律性的同时高扬主体性和能动性。现代哲学的特征是：二元对立的思维模式，尤其是主客对立；知识论上的“基础论”；工具理性的价值取向；科学主义的立场和方法；以“自我意识”为核心的反映论；人类中心主义和人道主义；本质主义；整体主义；等等。总之，中心主义、二元对立、主客二分、本质主义、重视理性、宏大叙事是“现代性”之下西方古典哲学的特征。启蒙理性的发展高扬了工具理性，创造了资本主义社会高度发达的物质文明。

然而，尽管康德在科学、道德、艺术等领域发展学术，提出“人为自然界立法”的观点，自此开启了人对自然的无限制征服，创造了资本主义制度下的物质财富；尽管韦伯在《资本主义与新教伦理精神》一书中提出了受新教伦理影响的人们是如何以宗教精神进行资本主义制度下的经济活动的，为资本主义社会工具理性的发展提供了宗教伦理精神的支撑……但是，资本主义制度在极大发展之后，出现了很多弊端，如物欲横流、道德沦丧等。具体言之，康德关于科学、道德和艺术的三重区分反映了现代性的特征，现代化正是这三个价值领域的制度化，亦即职业性的科学、普遍化的道德准则与法律、自由的艺术创作是现代文明的成果和标志，为人类带来了前所未有的物质和精神财富。但是，科学的昌明和工具理性的发达是以道德精神的失落、价值理性的缺席、艺术文化功能的牺牲为代价的。

马克思在《德意志意识形态》第一卷第一章第四节及《共产党宣言》中，从生产力和生产关系的角度对资本主义产生、发展、灭亡的历史趋势做了深入而细致的探析，他认为资本主义制度的基础是私有制；资产阶级榨取并占有无产阶级的剩余价值，这种行为是非正义的剥削。马克思号召无产阶级进行反抗，为人类的自由解放而努力奋斗。面对这些负面效应，西方马克思主义者和后现代主义者也加入了批判资本主义制度的阵营。西方马克思主义具有文化批判和社会批判两种功能，侧重于批判工具理性，高扬人的主体性；后现代主义将资本主义等同于现代性，进行极端的批判，“去中心”，反对本质主义、宏大叙事等，对现代性进行解构和批判。哈贝马斯整合了现代性与后现代，认为后现代是现代性未竟的事业，后现代不该像现代性否定神学时代一样极端，否则会付出巨大代价，所以他希望形成有建构性的后现代哲学，于是提出“交往理论”，希冀通过交往和商谈实现后现代对现代性的改良。

因为“现代性”伴随资本主义产生、发展的全过程，在资本主义制度遭到批判时，它的全息搭档“现代性”也遭到了猛烈的抨击。霍克海默、阿多诺明确指出启蒙带有极权主义性质。曾经将前现代批判为极权主义的现代性，如今又反过来被后现代批判为极权主义，这就是黑格尔所谓的“圆圈的圆圈”。进入 20 世纪，数位知名思想家从各个视角，在多个领域，以不同的方式进行现代性批判，既有关于意识形态和现代国家问题的探讨，也有关于欧洲科学危机和启蒙理性等的思考。其中，马尔库塞的“单向度人”的批判、霍克海默和阿多诺的“启蒙辩证法”的批判等产生了重大影响。此外，关于价值和意义的分析也留下了浓重的笔墨，比如哈贝马斯对交往理性、系统与生活世界的分析，韦伯对工具理性和价值理性的分析，胡塞尔对科学世界和生活世界的分析等。关于一些理论的论断和论争也具有深刻的影响力，比如，鲍曼探讨“现代性与大屠杀”、韦伯论断“宰制社会”等。

对现代性的肯定与批判一直没有停歇过。现代性实质上就是人的自我力量的发现。从某种意义上来说，现代性是以人对“神”的反抗开始的：上帝的位置被人及理性所取代，那个被人在意念中构建出来的超自然的神灵力量被拉下神坛，把握事物本质的理性知识被标榜。然而，“经过几个世纪的现代化进程，当‘上帝之死’几乎被人忘记之时，在‘后现代’的圈子里又多次地宣告了‘现代性之死’，现代性受到了批判”①。

叔本华在黑格尔哲学如日中天的时候预示了德国唯心主义哲学的没落，以康德、黑格尔为代表的近代理性形而上学受到挑战。尼采主张重估一切价值，打破包括上帝在内的一切偶像，否定包括希腊的理性主义、基督教的道德传统、启蒙运动以后的现代主义等西方文明的全部。他以彰显强力意志这一生命的最高价值为旨归，希冀以刚健的、新的、健康的价值观来取代以往虚伪的、堕落的、病态的价值观，并以生命本身作为价值标准对世界进行重估和重建。以此，尼采实现了对传统理性的反叛。后现代受尼采、马克思、弗洛伊德等人的不可调和的、彻底的批判精神所影响，要求对现代性进行全面彻底的批判，并且是怀疑、否定、解构和颠覆意义上的批判。

在哲学上，广义的后现代泛指19世纪末20世纪初以来从以笛卡尔、康德为代表的近代理性形而上学立场转离的当代哲学思

① 韩震：“本质范畴的重建及反思的现代性”，《哲学研究》，2008年第12期。

潮，以尼采为首要代表，包括海德格尔、萨特等；狭义的后现代则是指20世纪六七十年代以来以福柯、德里达等为代表的后结构主义（亦即解构主义）思潮。自1968年五月风暴以后，西方马克思主义、存在主义和结构主义逐渐地失去影响力。福柯、德里达发起了后结构主义，寓意超脱，又自称为解构主义。解构主义继承了结构主义的个体服从整体、结构的社会性和非意识性等原则，同时否定、消解结构，在对传统进行彻底批判的过程中步入后现代的行列。“后现代主义的崛起在现实性上有两大根源：一是两次世界大战，尤其是第二次世界大战的爆发；二是科技领域所发生的巨大变革。”①

“后现代”之“后”具有双关性，它体现了对待“现代性”的两种不同态度。一种意义上，“后现代”是指“非现代”，它要与现代的理论和文化实践、与现代的意识形态和艺术风格等彻底决裂，“后”可以肯定地理解为积极主动地与先前的东西决裂，从旧的限制和压迫状态中解放出来，进入一个新的领域，是“高度现代”，是“现代的升级”，是现代主义的新发展；在另一种意义上，“后现代”也可以否定地理解为可悲的倒退，以及传统价值的丧失。

后现代主张用新的话语代替传统哲学中那些统摄性的概念和命题，以“细小叙事”取代“宏大叙事”，即用某一学科的具体话语代替涉及所有话语的元话语，以与传统哲学的思辨和论证方式相区别。后现代主义思想家们开启了解构现代主义的实践。其

① 杨耕：“后现代主义与现代主义、马克思主义关系的再思考”，《文史哲》，2003年第4期。

中，利奥塔认为，现代就是用元话语使自身合法化的科学，而诸如精神辩证法、理性、主体、意义解释学等与哲学有关的元话语明显地诉诸宏大叙事，后现代恰恰是“对宏大叙事的不信任”。德里达、福柯是后现代解构现代性的两大“重镇”。

德里达的影响主要在文学方面，而福柯的影响则主要在史学方面。德里达在“书本”和“文字”之间做了界定，认为二者在思维和表达上产生相悖的效果。即“书本”是有主题、有中心因而也就有结构的文本，而“文字”则是无主题、无中心因而也就无结构的痕迹，于是宣告“书本的终结和文字的开端”，从而影射并以“去中心化”来解构现代性。进一步地，后现代主义者用写作过程代替意义的分析，用作者与读者的关系代替主客关系，用文本的阅读代替真理和实在的性质。

福柯以精神病、惩罚、性等专题研究代替理性、社会和人的一般研究。福柯主张“解构历史宏大叙事，即按照决定论模式理解历史，认为历史事件是由经济的、政治（法权）的或精神（意识）的某个或某些客观必然因素决定的，是线性的”①。为了解构这种历史宏大叙事，福柯提出了谱系学。在《尼采、谱系学、历史》一文中，福柯阐释了谱系学的基本特征：它是微观的，而不是宏观的；它不探讨“起源”，而探讨“创始”和“出身”；它是一种“效果历史”；等等。总之，谱系学即按照非决定论模式理解历史，认为历史事件是由知识—权力等各种主观性及偶然性因素综合作用的，是非线性的，从而对宏大叙事进行了解构。

① 程广云：“后现代：走向多元的现代性”，《哲学研究》，2005年第5期。

伽达默尔欣赏海德格尔的历史性思想，认为历史不是客观的也不是主观的，而是主客观融通的关系，是效果历史。对历史的主观理解同时也是历史造就的客观效果。除此，伽达默尔还以解释学在解构现代主义的舞台上长袖善舞。在他之前，解释学的一个核心任务是如何消除时间间距所造成的主观偏见和误解。与之不同，伽达默尔则认为真正的理解不是克服历史的局限性，因为任何解释都是基于现在和未来对过去的理解，都是一种偏见，也就是说，任何对历史的解释都是现代史。所以，解释学应该适应人的存在的历史性，既不能只承认原文的历史性而否认读者的历史性，也要正确评价人的理解与传统的关系。

此外，梅洛-庞蒂、雅斯贝尔斯等人以“存在论”解构现代主义，他们把人的存在作为哲学研究的对象。在 20 世纪五六十年代，存在主义广泛流传于西欧，渗透到生活的很多方面。第二次世界大战后，人们对战争进行反思，促使存在主义与人道主义、自由和责任相结合。现象学使存在主义成为一种哲学，主张“回到事物本身”，将最本真、最亲近、最熟悉的东西当作哲学研究的对象。海德格尔进一步将胡塞尔的“现象”从“先验自我”领域拉到“人的存在”领域。这些后现代主义者在特定的历史条件下纷纷独辟蹊径，在解构现代主义的过程中留下了缤纷绚烂的哲学思想。

后现代主义对现代性理念和现代化运动的批判及解构呈现出如下几个显著的特点：第一，无视现代性理念和现代化运动给人类带来的福音，对之持全盘否定态度；第二，不对现代化运动作历史的分析，看不到现代化的一些负面效应是一个发生、发展的过程；第三，不顾事实，把现代化运动中出现的一切问题都说成是现代性理念和现代化运动本身带来的，是现代化运动逻辑发展的必然结果；第四，强烈要求回到前现代化状态中去。

实际上，对“现代主义哲学”而言，“后现代主义哲学”肯定的是差异性、多元性、去中心化，不确定性的机遇，流动着的生成性；否定的是同一性、普遍化、等级、本质论等。后现代生活方式的主要内涵，包括对偏执的拒绝，对多元的尊重，对“向他者开放”的包容，对虚无主义的挑战以及对“踏实的存在”的追求，对创新创造的推崇，对丰赡人性的冀望，对悦动生命的激赏……“最终归结为人的自由生活——审美生活的彻底实现”①。总之，后现代生活方式是积极健康的，可以治愈消费主义，对抗人的“单向度”，把人从技术异化中拉回到人本身，使人对价值和意义的重视超过对工具理性的依赖……这是一剂对治现代性弊端的“猛药”，而且“现代主义既是对启蒙的批判，也是对启蒙的继承，因此后现代主义意味着一场新的启蒙”②。在这场新的启蒙中，对现代主义的批判，后现代主义应该持一种自省的精神，克服偏颇与极端。

二　哈贝马斯整合现代性和后现代性

西方现代性的发展过程经历了三个历史时期。第一个时期是张扬“人性”、反对“神性”专制统治的“文艺复兴”时期，其

① 张世英：“‘后现代主义’对‘现代性’的批判与超越”，《北京大学学报（哲学社会科学版）》，2007 年第 1 期。

② 姚大志：“后现代主义与启蒙”，《社会科学战线》，2005 年第 1 期。

发展到一定程度导致了“人类中心主义”；第二个时期是张扬“理性”和“人权”，进一步深入地反对“神权”和封建专制统治的“启蒙时期”，其发展到一定程度导致了工具理性至上、唯科学主义思潮泛滥；第三个时期是从 19 世纪末至今，现代化逐渐实现和现代性日益发生异化的时期，导致价值理念缺失后的信仰危机。哈贝马斯认为现代性是“未完成的谋划”，它不断扬弃传统，又持续地走向未来。

“后现代主义无疑是一场范围广大的思想运动。尽管时至九十年代后现代主义思潮不再显赫而归于表面的沉寂，然而，它的影响将会深入、持久。”① 其原因在于后现代主义触及了西方近代文化的根本。实际上，对当代西方文化的研究根本绕不过后现代主义。那么，到底应该如何对待后现代主义？是包容、超越，使之成为现代性的未竟事业，与现代性一起打拼出新的哲学境界，还是对后现代主义的批判进行彻底决裂的回击？哲学家们纷纷给出不同的方案。

后现代主义哲学虽然以批判现代主义哲学为己任，但它并非只事消解、完全无所建树。哈贝马斯开创新的哲学范式，为如何看待现代性和后现代性提供了更为合理的选择方案。面对“后现代性”对“现代性”的批判，他坚定地站在现代主义的立场，同意对工具理性和科学主义的批判，但是不能因为工具理性的弊端而全面否定启蒙理性，从整体上否定现代主义的价值观，坚持“保卫”理性，以论战者的姿态介入现代性问题的

---

① 胡辉华：“试论哈贝马斯对后现代主义的分析”，《马克思主义研究》，1999 年第 4 期。

思考，以现代主义者的身份对后现代主义的攻击做出积极的回应，提出了重建现代性的方案。他的核心观念为："后现代性"是"现代性"未竟的事业。一方面，针对尼采、福柯、海德格尔等人的反启蒙理性进行批判，他以后现代性的美学特征为突破点发动对后现代主义的反批判，认为后现代主义以艺术价值的特殊性否定道德的普遍性，站在艺术自由创作的浪漫一隅否定现代文化的全部。另一方面，批判后现代主义用多元化和具体化的要求瓦解社会关系的凝聚力，以解构的游戏精神来取消理性的真理，用阅读文本的自由想象来动摇社会不可或缺的理性基础。基于这些思考，哈贝马斯开创了哲学理论新范式，用主体间性的交往理性取代传统理性，试图以此平和后现代的反叛，从而挽救现代性。

可见，哈贝马斯厘定传统形而上学，勾勒后形而上学图景，试图以一种新的哲学理论对之加以超越，这成为他建立交往行为理论的基本前提和哲学基础。这是不同的、新的哲学范式——交往行为理论，它在同一性和差异性之间寻求一种由沟通行为获取的新的统一性，给发轫于形而上学又在后形而上学中备受质疑的现代性思想注入了新的活力。

梅洛-庞蒂提出对抗传统二元对立的关键概念——可逆性。他认为，他人的身体既是我知觉的对象，又是知觉我的身体的主体，我与他人之间的可逆性就是胡塞尔说的"交互主体性"，可以使得政治上的对话和更广泛的社会交往成为可能。哈贝马斯在这些理论的基础上，用交往理性取代工具理性，把理性主义改造成社会交往理论，使哲学在克服社会危机的同时克服自身危机。

那么，如何摆脱现代性危机呢？哈贝马斯认为用交往理性可以为现代性解题，它能使人们了解到现代性出现危机的根源并不是现代性本身，而是资本主义条件下工具理性和价值理性之间的不平衡关系。基于此，他主张发展交往理性，打通现代性和后现代性。他认为现代性和后现代性之间具有梅洛-庞蒂所说的“可逆性”。一方面，除了在现代性立场和话语体系内解构现代性之外，“后现代”无法真正建构属于自己的疆土场域。这就意味着它没有“安身立命”的“一席之地”，连“命名自己”都要依靠现代性这个“他者”。而“后现代主义”对“宏大叙事”“本质主义”“中心主义”等的激进否定，可能恰是对现代性的特别理解和极其同情，实际上起到的作用却是帮助资本主义社会疏通压力、缓解痛楚。貌似与现代性割裂，实则与现代性联手。可见，向后现代的转变并不是对现代性的取代和颠覆，而是成为现代性的坚实基础，甚至是它的“新前沿”。另一方面，现代性作为“可逆性”的另一方，自身称谓的“获得”同样也“得益”于后现代的诞生。因此，给予现代性的理解和同情，正是在后现代的立场上发出的。而后现代不断解构自由、理性、启蒙等的过程，也正是构建现代性的中心议题的过程。由此可知，现代性和后现代性作为“可逆性”的双方，非但不是表面的对立、否定、批判关系，反而是本质上的“共谋”关系。

此外，“内在于交往行为之中的合理性是语言性、互主体性、程序性、可误性、开放性，这有别于传统的意识理性，体现了哈贝马斯对理性的重建”[1]。哈贝马斯在《走出主体哲学的另一条道路：交往理性对主体中心理性》一文中提出用交往理性来对抗“主体中心”理性。他同样认为，理性本身并无过错，过错只在于对理性的滥用；问题不在于从理性转向任何一种非理性或者反理性，而在于从主体中心理性转向交往理性，从劳动实践转向交往行为的实践。他认为，到目前为止，现代性是以资本主义的社会结构为其实现形式的。而现代性之所以是“一个未完成的方案”，根本原因在于资本主义的社会结构无法完全释放现代性的理性潜能。正是从这里，他引出了改变资本主义社会结构的必要性。

总之，以为后现代的出现宣告了现代性的终结，是错误的；同样，以为从现代性到后现代是时代的进步、世界的变革的观点，也是不正确的；认为中国现在连现代性都不具备所以不需要后现代入场，或者认为中国迟早需要从现代性过渡到后现代，也是不合理的。至于我们今天到底是需要现代性还是更需要后现代，是一场无谓的争论。兼容并超越现代性和后现代，走中国式现代化新道路，才是我们的最优选择，也是我们正在做的选择。

第三节　马克思主义对现代性的批判与反思

“马克思主义哲学与西方现代哲学之间的共存关系和互补性成为哲学家的重要共识。”[2]“后现代思想家与马克思及马克思主

① 艾四林：“哈贝马斯交往理论评析”，《清华大学学报（哲学社会科学版）》，1995 年第 3 期。

② 俞可平：“重新思考马克思主义对资本主义的批判”，《战略与管理》，1994 年第 5 期。

义的关系是颇为复杂却又无可回避的历史性议题。”[①] 国内学术界主要有三种观点：第一种观点认为，后现代思想家将马克思的学说视为一座思想桥梁，过桥之后即“得鱼忘筌”；第二种观点认为，后现代思想家和马克思的学说之所以能够在当代相遇并对话，恰恰说明前者对后者的继承，也说明前者始终未能跳出马克思的理论视域，至少仍在马克思的话语体系笼罩之下；第三种观点则认为，后现代的学术语境及话语体系是以解构现代性、“改写现代性”为基点展开的，但后现代思想家们并未形成统一的思想范式和学术流派，而是作为文化思潮以不同的知识结构和价值追求“绽放”开来。

“马克思主义哲学属于现代唯物主义，但它又以敏锐的洞察力捕捉到‘现代’中露出的‘后现代主义’的端倪，并对其加以批判审视，因此后现代主义无法忽略、漠视马克思主义哲学，并认为马克思主义哲学是当代‘不可超越的视界’。”[②] 后现代主义虽然视马克思主义哲学为屹立在前方的一座高山，但并未因“此等尊重”而趋同；虽然与马克思主义哲学在中西方关系、人与自然关系上有相当程度的相通性，但也并未因“此等相类”而被同化。虽然对资本主义社会的批判是它与马克思主义哲学在当代“相遇”的根源，但二者在关注方向和侧重点上却有很大不同：马克思主义哲学致力于通过批判和革命消除资本主义社会在经济和政治领域的霸权行为，而后现代主义则竭力使用批判性、

---

① 张立波：“后现代思想家与马克思”，《天津社会科学》，2000年第2期。

② 杨耕：“马克思主义哲学与后现代主义在当代的相遇”，《学术界》，2000年第2期。

反思性话语揭示西方资本主义社会的霸权作为。二者不仅在批判的力度和彻底性上明显不同，而且在批判之后对于未来目标的建构上也不尽相同，后现代主义在“破”之后，没有明确的“立”，马克思主义则是在“破”资本主义社会弊端的同时，有明确的“立”的方向和目标，有远大的共产主义理想。

谈到“批判”，西方现代哲学不遗余力地批判并反思现代性时，马克思在这个领域也并未缺席，甚至从某种程度上讲，他是对现代性现象进行批判性反思的真正的先驱者。

一　马克思对资本主义的批判及现代性的“诊断”

尽管“现代性”这个词没有出现在马克思的话语体系里，但他对资本主义社会洞若观火，敏锐地捕捉到商品这个切入口，以犀利的资本分析为核心，以异化的扬弃为精准出口，开启对资本主义社会的批判。可以说，马克思在“把脉”资本主义社会的同时已经在“诊断”现代性，并为其开出有效“药方”，其核心命题是异化批判。

在对待现代性的问题上，马克思主义形成了成熟、合理且正确的立场。一方面，现代性尽管有负面作用，但对当代人仍有积极意义，应该以继续追求现代性发展为目标，只是人们不能盲目地跟随现代性，而是要主动地、有针对性地“对治”现代性弊端。另一方面，现代化运动不是必须与资本主义结合，而是可以为社会主义所用。“这样就把对现代性以及现代化运动的负面效应的揭露和批判变成了对社会主义理想追求的必然性的论证。"[①] 基于此，马克思对资本主义进行了深刻的批判，同时也是对现代性问题辩证的、历史的扬弃，主要体现为两个维度：第一，对启蒙现代性意识形态的批判；第二，对政治经济学的制度批判及异化批判。

（一）对启蒙现代性意识形态的批判

追求主体性、向往理性、崇尚人道、指向个人等，是现代性的主导理念，是启蒙意识形态。马克思运用辩证唯物主义和历史唯物主义对上述理念进行批判性分析：一方面，既认可相对于前现代社会而言现代性所具有的时代进步性和起到的积极作用，又认可现代性过程中主体解放等合理诉求；另一方面，既直面资本主义制度的深层矛盾和现实弊端，又发现资本主义社会的历史局限隐含在现代性的那些主导理念之中，并最终以唯物史观的视角希冀为现代性在更高的社会形态中开辟新的疆土。反思现代性，对其进行辩证的扬弃，可以借鉴马克思对资本主义社会的批判维度。

（二）对政治经济学的制度批判及异化批判

马克思认识到现代性理想与资本主义私有制之间存在着结构性的冲突。资本主义现代性问题之一是人与人之间的关系表现为赤裸裸的金钱关系。也就是说，资本主义现代性危机不仅表现为物质再生产的危机，还表现为社会关系再生产的危机。

① 陈学明："必须反对在现代性问题上的两种错误观点"，《马克思主义与现实》，2005年第4期。

马克思“把脉”资本主义社会，“诊断”现代性，其核心命题是异化批判。在他的政治经济学著作《资本论》中，劳动价值论和剩余价值理论“横空出世”，反映了这种新的批判取向。马克思认为资本主义生产的目的不是满足人的需要，而是实现资本的增殖。他对资本主义生产的本质进行了无情的揭露和彻底的揭示，旨在将人们的异化意识拉回到现实社会和生活世界的场域之中，使其看到资本主义社会制度与本应合理的生活世界之间的差距，认识到其中无法化解的矛盾根源在于资本主义社会的现代性危机，进而引导人们切实了解自己的异化处境，以产生反思意识，认清资本主义制度的真相。

二　西方马克思主义者对现代性的批判

“马克思现代性思想的研究起源于国外的西方马克思主义者及后现代主义的学者。他们是在西方现代性过渡的历史背景下借助马克思对资本主义的批判视阈而开启这一话题的”①，以至于马克思主义者阿尔都塞说，“马克思的问题也就是我们的问题，而且在长时期内是我们的问题，这一问题支配着我们的未来”②。

“‘西方马克思主义’是20世纪20年代初在德、意、法等西欧主要资本主义国家出现并逐渐形成的一股小资产阶级左翼激进主义思潮，其蔓延开来形成各种流派，这些流派在批判传统的辩

① 刘武根：“近年来我国哲学界马克思现代性思想研究述评”，《教学与研究》，2007年第8期。

② 路易·阿尔都塞、艾蒂安·巴里巴尔：《读〈资本论〉》，李其庆、冯文光译，中央编译出版社2001年版，第225页。

证唯物主义和历史唯物主义方面，在对马克思主义奠基人的态度上，以及对现代资本主义的批判和政治倾向等问题上，彼此之间存在着共同之处，因此，被统称为‘西方马克思主义’。”①

西方马克思主义的主要代表人物及其学派如表 1 所示。

表 1　西方马克思主义的主要代表人物及其学派

早期西方马克思主义者	卢卡奇、柯尔施、葛兰西、布洛赫等
法兰克福学派研究群体	霍克海默、阿多诺、本雅明、马尔库塞、哈贝马斯、施密特等
弗洛伊德主义的马克思主义者	赖希、马尔库塞、弗罗姆等
新实证主义的马克思主义者	科莱蒂、德拉-沃尔佩等
存在主义的马克思主义者	列斐伏尔、梅洛-庞蒂、萨特等
结构主义的马克思主义者	阿尔都塞等
分析马克思主义者	柯亨、罗默、J. 埃尔斯特等
生态马克思主义者	高兹、本·阿格尔、莱易斯、佩珀等
后马克思主义者	埃尔斯托·拉克劳、詹托尔·穆佛、雅克·德里达等
后现代马克思主义者	弗里德里克·詹姆逊等

尽管有些学者认为西方马克思主义在许多基本原理方面违背和歪曲了马克思本人的思想，因而不能把它划在马克思主义理论范围之内，但西方马克思主义毕竟“重新发现”和“完善”了马克思主义的哲学思想和革命理论，在当代历史条件下发展了马克思主义。所以，西方马克思主义有其存在的意义，其中最有价值的内涵是它的批判精神，传统的辩证唯物主义和历史唯物主义、现代资本主义等都成为其批判的对象。从流派来看，法兰克福等人本主义流派以“社会批判理论”命名自身并以此获得学术

① 曲艺：“西方马克思主义思潮概述”，《科教导刊（中旬刊）》，2011 年第 9 期。

声名，集中以文化批判和社会批判对物化、拜金等现代化进程中的负面效应展开批判，其提出的工具理性批判具有较大的学术影响力；科学主义流派则极力强调科学实证，反对社会批判。从学者个人来看，阿尔都塞等从科学主义视角、卢卡奇等从人本主义视角对资本主义的异化现象分别进行了批判性的反思。西方马克思主义理论具有较大的优越性，体现在既能够与时俱进地更换批判对象，也能够灵活多变地转换批判视角，还能够从批判经济基础转向批判上层建筑，从反思历史转向反思现实。例如，针对晚期资本主义现实，卢卡奇提出生产力批判，认为物化是人类自由发展最深刻的扭曲形式之一。但是，西方马克思主义理论的局限性也很大，“西方马克思主义对于资本主义的批判反思存在着没有科学揭示资本主义发展的新规律、不能寻求与革命主体的实践结合以及无法展陈超越资本主义的价值图景这三大缺憾”①。不管怎样，从经典西方马克思主义到今天的后现代马克思主义，对资本主义永不屈服的批判是极其重要的。

在对现代性的批判中，西方马克思主义的侧重点是批判工具理性，高扬主体性。资本主义的现代化过程带来了物质文明的极大丰富，工具理性、“科学至上”和“人类中心主义”使得人类征服自然、改造自然、利用自然的深度及广度均有所增加，导致自然界的有限资源遭到肆意掠夺，甚至被挥霍和浪费，致使自然界的生态平衡被严重破坏。同时，伴随着科学技术的高速发展和物质生活水平的提高，人的异化发生了——道德沦丧、信仰缺

① 袁银传、杨乐强：“西方马克思主义的批判路径及其启示”，《中国社会科学》，2012 年第 5 期。

失、精神文明滞后等。

（一）对“物化意识”及“单向度的人”的批判和反思

1. 批判“物化意识”

作为西方文化重要思想来源的希腊古典主义十分注重理性与技术，很早就将二者结合起来，开启了征服自然之路。在中世纪以后，西方更加重视运用现代科学技术，而人本主义也不甘落后，在高扬人的主体性方面大显身手，二者并行不悖，支撑起西方工业文明的发展进程。人们既希望以理性至上、技术万能确证人的本质力量，又努力保持技术理性和人本精神、工具理性和价值理性的协调一致。进入 19 世纪，二者之间的张力加大，物化严重，技术理性由解放人、确证人转变为束缚人、统治人的异化力量。

人类社会经历从传统农业文明向现代工业文明的转型，这一现代化过程本质上包含人的个体化进程，以及社会的机制建构和运行的理性化进程，分别产生了工业文明的两种不同的文化精神，即人本精神和科学精神。现代性出现危机，表现在人身上，即人的孤独，人与人的异化与疏离，人的关系被物的关系所吞没和掩盖等，进而导致人的主体性的失落，使人从生产过程和社会历史运动的自由自觉的主体沦为被动的、消极的客体甚至追随者，致使主体被客体化。

现代化使人们在工业文明和市场经济中充分发挥创造性，主体意识和参与意识得到了前所未有的提升。人们拥有的物质财富虽然有所增加，但是主体性却在普遍异化中遭到了意识形态、技术理性等的消解。卢卡奇对此进行了深刻的剖析。他认为，资本主义社会的主导性原则和普遍性力量不是以人为基点，而是以商品为结构组结，从而使事物之间的关系开始掩盖甚至统辖人的关系，商品拜物教在人们心中“安营扎寨”，物化现象风靡社会。与之相伴随的是技术理性对人的“侵蚀”和“盘剥”，使人的主体性旁落乃至丧失。总之，一个由物品和商品组成的世界作为异己的力量与人相对抗的局面形成了，这股力量不能不令人忌惮，也不能不令人恐慌，唯有进行反思性批判，才能改写这种“人”“物”倒置的社会“怪”现象。

诸多西方学者对物化意识进行了批判和反思。例如，卢卡奇主张，物化的扬弃需要依靠历史的总体性的生成，因为如果社会进程断续无章、社会现实零散支离，那么就会导致历史的总体性的丧失，而“罪魁祸首”恰是物化意识。韦伯发现理性化“坚挺”地持续向前推进时并未碾压一切不合理因素，而是产生了诸多负面影响，比如工具理性极度膨胀到“至上”的地步，价值理性却被极度压抑，以至于人们的生活中竟然没有意义世界的存在空间。胡塞尔晚年发现并极力诠释现代人的文化危机，那就是现代的世界固然因有科学技术的加持而使人享受很多便捷、满足很多物欲等，但是却将生活世界和意义世界遗忘在历史的角落里，它们曾经是前科学时代的存在方式，虽然不及现代世界中的诸多物质美好，却充满人情味儿的价值和意义。

2. 批判“单向度的人”

在马克思曾经发现的异化现象中，工人的劳动是“自我折磨、自我牺牲”式的异化劳动；而在现代社会，科技高度发达，消费成为主要特征，人们的生活水平比以前优越得多。但是新的异化却形成了，表现为物化的生存方式。人们乐此不疲地从事物化活动，因为那里有感官享乐等。人们在物质欲望面前被“降伏”了，在几乎“无往而不胜”的技术理性面前变得“卑微”了，不再拥有理性反思、犀利批判、境界超越的昂扬“斗志”。人作为创造性的实践存在，是自由的，却缺失了本该具有的否定性，人成为只图消费和享乐的“单向度的人”。技术理性打着“富足与自由的名义”，取得了“同化一切替代”的“胜利”。技术世界中的工人丧失了否定性的维度，成为认同现存状态的“单向度的人”或“单面人”，社会失去了自我超越的内在驱动力。“单向度的人”或“单面人”的生存境遇，本质上如同马尔库塞所说的“发达工业文明的奴隶们是升华了的奴隶，但毕竟还是奴隶”[①]。

（二）对“技术统治”“技术异化”的批判和反思

1. 批判“技术统治”

科学技术的高速发展使技术理性的力量越来越大，甚至产生了“统治性”，这种统治和操控的异化力量使人们再也无法想当然地认为科技只是人类发明的中性的东西而已，人们不得不为“对科技的无限放纵”买单，在技术异化中品尝苦果。

科学与技术，尤其是技术，之前在某种意义上主要具有工具和手段的特征，但是后来却越来越具有独立的属性，甚至具有严

① 赫伯特·马尔库塞：《单面人》，左晓斯等译，湖南人民出版社 1988 年版，第 28 页。

格的自律性，并凝缩为技术理性，以普遍性的方式渗透到社会生活的方方面面，俨然形成一种近乎覆盖性的统治形式，即技术理性的统治。这种新型统治形式与传统政治系统结合起来，政治内容充斥着持续动态更新的技术形式，捆绑着一起走向极权主义，结果是使技术从“解放”人的力量摇身一变成为“桎梏”人的枷锁。正如马尔库塞所指出的，“资本主义进步的法则寓于这样一个公式：技术进步=社会财富的增长=奴役的扩展”①，技术进步带来的社会财富的增长非但没有使人获得自由和幸福快乐，反而使人深深地陷入了被奴役的境地。不仅如此，在政治上也走向了被紧紧约束的地步——“统治者能够抛出的消费品越多，下层人就越是牢固地受各种各样的统治官僚束缚”②。

2. 扬弃“技术异化”

马尔库塞通过对单向度的人、技术异化、技术的二重性等异化现象的分析，诠释了技术异化产生的原因以及如何扬弃“技术异化”。扬弃“技术异化”的具体方案和路径是为现代社会注入新理性，为技术理性灌入价值理性并使其成为理性的灵魂。新理性由艺术、价值、科学、技术等融合而成，既是科学理性和技术理性的统一，也是价值理性和艺术理性的统一。

按照新马克思主义的意识形态批判理论，意识形态作为一种异化的“虚假意识”，不同于一般意义上的理论体系，其主要功能是为维持现状做理论“辩护”，为政治治理提供合法性的理论

① Herbert Marcuse, *Counter-revolution and Revolt*, Beacon Press, 1972, p. 4.

② 赫伯特·马尔库塞：《单面人》，左晓斯等译，湖南人民出版社 1988 年版，第 37 页。

支持。特别是在现代社会，意识形态与大众传媒结合起来发力，已然成为消除人的主体性以及人的超越意识的异化主力军。

哈贝马斯认为，科学技术本质上是意识形态，自然也具有上述特点和功能。科学技术已经不只是“第一生产力”，不只是经济社会发展的主要动力之一，而且因其具备实际的统治形式和强有力的权力而成为一种新的“意识形态”。科技意识形态同样具有辩护功能，尽管其不同于传统政治意识形态，却具有为政治治理提供合法性支持的功能，进而在某种程度上实行政治统治。

哈贝马斯还认为，只有以人与人的自由交往为前提，人与自然才能合理地交互作用。同理，主客体间的关系要服务于主体间的关系，才能成全人与人的交往行动的“合理化”。而交往行动的“不合理化”正是由劳动的“合理化”导致的，这种劳动又恰恰是以科学技术为背景的，而且科学技术走向异化是由其本身的性质和发展决定的，并不是人们价值选择的结果。所以，必须实现“交往行动”的“合理化”，以“交往”取代“劳动”在人类社会发展中的核心地位，才能消除科学技术的异化。

第四节　现代新儒家对现代性的应对

1840 年以来，中国社会开始逐渐向现代社会过渡，现代化成为贯穿中国社会实践和社会生活的宏大主题。塑造、构建和实现一种合理的现代性不再只是西方独属，也成为中华民族复兴的时代课题。“现代性”在我国是 20 世纪后期才受到广泛重视的一个概念。“现代性是现代化过程的质的规定性，它表现在现代化过程中的制度、模式、行为、观念、态度等各个领域和方面，但绝不直接等同于这些领域和方面本身。"[①] 那么，"中国现代性"是指什么呢？其实就是指中国现代化过程的质的规定，它体现在中国式现代化道路、理论、实践以及模式上。比如，在新时代，中国的现代化具有了新的质的规定，逐步形成中国式现代化新道路。实际上，从1919年五四运动开始，就已经通过"民主"和"科学"接引西方现代性，开启了中国的现代化，"作为新思想新文化的革新运动，五四运动是中国由古代社会向现代社会、由农业社会向工业社会跃进的必然产物，是现代化过程开启的思想和文化标志，是中国真正开始进入现代的标志，是现代性的真正启蒙"[②]。在此后的近现代岁月中，中国的现代性处于被迫启动与主动建构的双向融汇中，即"中国现代性建构包含彼此纠缠的两个方面：其一，中国的现代性建构是一个被迫启动的过程，是一个由于西方殖民主义在政治、经济和文化各方面强行入侵而被动接受的历史进程；其二，中国的现代性建构又不完全是被迫的、消极的，它同时又是一个不断走向自我立法、自主建构的过程"[③]。

现代性要求反封建主义，开展工业革命，发展资本主义等，而中国的现实与这些现代性特征几乎都是相背离的，使中国现代

① 侯才："'中国现代性'的追寻——对当代中国哲学发展主线的一种描述"，《哲学研究》，2010年第4期。

② 侯才："'中国现代性'的追寻——对当代中国哲学发展主线的一种描述"，《哲学研究》，2010年第4期。

③ 郗戈："马克思'中国—东方'论说与中国现代性建构"，《中共浙江省委党校学报》，2008年第4期。

性进程形成了特有的悖论。首先，现代性具有反封建性，而中国有着两千多年的封建传统，要想在根深蒂固的封建传统中“开”出“反封建”的现代性，这是悖论之一；其次，工业革命是现代性产生的基础，没有工业革命的持续发生，几乎难有现代性的不断迸发，而近代以前中国处于几千年的农业社会之中，没有自然生发工业革命的社会土壤，要想在农业文明中“开”出具有工业特征的现代性，这是悖论之二；最后，资本主义运动的必然逻辑是生发现代性，它们之间有着天然联系，而中国是在进行反资本主义的革命过程中进入现代性的，要想在反资本主义的社会“开”出资本主义来，这是悖论之三。中国在如此多的悖论中实现现代化，真是如登蜀道之难。

难上加难的是，我们与西方资本主义的历史及发展节奏截然不同，现实历史条件要求我们不得不在反现代性与进行现代化的道路上同时行进，既要借鉴西方资本主义的成功之处去谋求发展，又要警惕西方现代性带来的弊端，在现代化与后现代这两套价值体系的裹挟中寻求机遇，抵御风险。到底该如何选择现代化道路呢？包括新儒家、马克思主义、道家等在内的各学术派别均有主张。我们认为，应该以马克思主义为指导，吸收包括儒道在内的中华优秀传统文化精华、汲取西方优秀文明成果，对它们进行综合协同创新，建设新时代中国特色社会主义文化，坚守社会主义核心价值观体系，开拓中国式现代化新道路。

现代新儒家的根本精神不在于复古，而是要促使民族文化生命的本源大流畅通，使之不至于割断和失坠，保存中华民族文化的主体性，延绵其精神血脉和文脉。不仅如此，还要达到

《尚书·大禹谟》所倡导的“正德、利用、厚生”的要求，即正德以率下，利用以阜财，厚生以养民。

一　20世纪以来儒家学说在不同的时代背景下的作为

“哲学是人类精神的整体形态的概念和时代精神的本质的思维。”[①] 儒家学说作为时代精神中的一元，随着时代脉搏的跳动而跌宕起伏，演绎着情节纷呈的思想命运。尤其是在西方现代性的冲击之下，儒学在20世纪的百年间经历了至少四次历史冲击，均做出了它的应对。

第一，1905年“科举制”宣告结束，对儒学产生了第一次冲击。清末到民国初年，雄霸中国两千多年的儒家思想被迫从主流意识形态的政治舞台退出，而负责为儒家政治体制输送人才的教育制度——“科举制”在1905年宣布结束。“科举制”始于隋炀帝大业元年（605年），终于清光绪三十一年（1905年），有着一千三百多年的历史。这场政教改革使具有千年历史积淀的儒学大厦轰然倒塌，大伤元气。面对儒学的历史危局，康有为在辛亥革命以前产生了关于设立孔教的想法，试图定孔教为国教，对儒学的困境做一个宗教式的回应。康有为的孔教运动随着袁世凯的仓皇谢世以失败告终，但却显示出对儒学拯救式回应的努力。

第二，1919年新文化运动对儒学产生了第二次冲击。新文化运动受近现代西方启蒙思想的影响，高扬理性、批判、反

---

① 黑格尔：《哲学史讲演录》（第1卷），商务印书馆1959年版，第56~57页。

思、启蒙，与儒家思想格格不入，使本已失去了政教地位的儒学“雪上加霜”，成为新文化运动批判的对象，最终使其仅存的伦理思想也遭到了时代的放逐。自此，那个主张“家国同构”、在历史上绵延千年、创造过若干历史辉煌的儒家学说开始了离散、飘零、无所依归的命运。而此时正是第一次世界大战爆发之时，东西方有识之士开始进行文化反思。中国最后的大儒——梁漱溟在《东西方文化及其哲学》一书中分析世界文化的实质，认为西方文化的优势在于处理人与物的关系，彰显人对自然的征服和利用；而东方文化的优势则在于处理人与人、人与社会及人与自然的和谐关系。两相对比，他得出世界文化的未来在于东方文化的复兴这样的结论。梁漱溟的这场回应不仅启发了西方思想文化界，也让东方的儒学重拾了自信。

第三，乡村秩序的彻底改革对儒学产生了第三次冲击。儒学在意识形态、教育制度、伦理思想等方面连续遭遇放逐之后，又经历了合作化、人民公社等历史时期，最后竟然连以旧的宗族为中心的乡村秩序都彻底改变了，儒学几成“游魂”。庆幸的是，历史是有温情的，它在有担当、有真心、有民族使命感和责任感的儒家学者那里找到了有温度的回应。这些儒家学者对整个近现代西方文化给中国造成的冲击和挑战进行了儒学式的“反击”，赢得了“现代新儒家”的历史称号。熊十力的“新易学”、冯友兰的“新理学”、贺麟的“新心学”、马一浮的“六经”和“六艺”之学在时代的思想舞台上纷纷登场。他们审度时代大势，反思千年儒学，在民族意识高涨的情况下为民族的复兴而顽强挺立，为儒学的复兴而孜孜以求。

第四，1978年之后的第一个十年是改革开放的社会动员期，形成了与新文化运动相呼应的以批判为主基调的启蒙思潮，冲击了儒学；随后，在20世纪90年代市场经济蓬勃发展、功利主义盛行之时，再次冲击了儒家传统。这是对儒学的第四次冲击。尽管从大的视野来看，进入80年代以后，现代新儒学的命运逐渐发生转机。理论上，“儒学复兴”说俨然成为“显学”；在社会实践上，新儒家借东亚“四小龙”的经济起飞而极力扩大影响，甚至提出“儒家资本主义”的道路和口号。但从历史总体性来看，对儒学的冲击终究大于对儒学的复兴。

儒学虽然经历了以上四次冲击，但是也遇到了两个机遇期，分别是抗日战争时期和20世纪90年代后期以来中国现代化的初级阶段时期。前一个时期是民族意识的高涨带动了民族文化的自觉，后一个时期是中国现代化进程逐渐深入，民族自信心逐渐增强，引发了民族文化的自信。中华民族和中国文化的双重“伟大复兴”局面正在到来，儒学正在抓住机遇“重构民族精神，确立道德价值，奠定伦理秩序，形成教育理念，打造共同的价值观，形成民族国家的凝聚力，进一步提升我们的精神文明”①。

二　儒家学说到底能否生发现代性

儒家学说总是伴随时代变迁而与时俱进，如今步入新时代，它到底能否应对现代化，在现代化的土壤里开花结果呢？

① 陈来：“大陆儒学一百年”，《东方养生》，2011年第7期。

一部分学者认为儒学不仅不能生发现代化，甚至阻碍现代化。韦伯认为，资本主义精神对资本主义的发展起着巨大的推动作用，禁欲主义的新教伦理是这种精神厚植其中的文化土壤。新教伦理将宗教意义赋予人们生活的日用平常之中，个人道德行为之最高形式的评判与完成世俗事务之出色程度的裁定是成正比的。也就是说，每个世俗中的人越能高质高量地完成本职工作，其道德行为就越能获得更高形式的“点赞”，从而获得的宗教认可度也就越大。此时每个人的尘世义务被冠以“天职”①，日用平常的世俗生活因此具有了全方位的、彻底的宗教意义，在新教伦理与资本主义精神之间架起了坚固的桥梁，为资本主义的发展提供了“灵魂”支撑和精神补给。而东方的儒家思想则不能生发出上述配合资本主义发展的精神。以东亚社会进入现代化为例，韦伯认为儒学没有把东亚社会由传统带入现代化。罗义俊认为，“实际上儒学无法开出或阻碍开出现代化是一个全称性判断，全称判断必须从全部经验事实而不是抽取局部经验中得出。用局部经验事实的观察代替或取消对全部经验事实的探究，并得出全称性判断，是韦伯和新韦伯学派显而易见的历史错误和逻辑错误”②。更有甚者，有人认为儒学是与现代化相逆的精神力量，所谓“工业东亚”的经济起飞，是不能拿来作为儒学可以内在地发展出现代化的例证的。“以著名的费正清为首的所谓中国通坚

① 马克斯·韦伯：《新教伦理与资本主义精神》，黄晓京、彭强译，四川人民出版社1986年版，第56~57页。

② 罗义俊：“儒学、新儒学和中国现代化的方向”，载“现代新儒学思潮研究”课题组编印：《现代新儒学的意识形态特征——简论马克思主义与现代新儒学的对立互动关系》，1993年2月，第229页。

持说儒家文化对于现代化进程起着很大的阻力。"[①] 韩国的黄秉泰博士指出："由于儒学有一种反现代化的偏见，倾向于维护为统治阶级既得利益集团服务的社会政治制度，而反对社会、国家、经济和文化的现代化，它很难为现代化的进程做出贡献。只有当现代化任务完成之后，在一个现代工业化国家里，才能开始探寻儒学支持现代化的潜在因素。"[②]

同样以东亚为例，另一部分学者则认为儒学是促进现代化的重要精神力量。汤因比认为，"世界的未来在中国，人类的出路在于中国文明"[③]。人类的希望在东亚，尤其是在中国，将为未来世界的转型及21世纪的人类社会提供源源不断的思想源泉和文化资源。西方以工具理性征服了自然，在经济和技术上引领了全球，却未能解决政治上的民族国家林立容易导致战争的超级难题，而中华文明却能以文化引领世界，超越武力、霸权，甚至在某种程度上弥补西方民主和选举的缺陷，给予世界永久和真正的和平。他认为儒家的人文主义价值观使得中国文明符合新时代人类社会的合理需求。

下面分析和探讨中国台湾地区以及其他国家处理传统与现代化问题的方式和价值标准。台湾地区在实现现代化的过程中也经历过"西化"，但却很好地融通了中国传统文化。新价值的孕育需要市场经济的土壤，中国传统文化追求"日新又新"的特质推

① 李钦勇："从传统文化看未来的挑战"，《中国文化月刊》，1987年第90期。

② 黄秉泰：《儒学与现代化——中韩日儒学比较研究》，社会科学文献出版社1995年版，第506页。

③ 刘涛："汤因比的预言：中国文明将照亮21世纪"，《社会观察》，2013年第3期。

动了新价值融合、落户于台湾社会，使其跨过了通向现代民主社会的门槛。台湾地区在固有的深厚的传统文化的根基之上，深入了解西方的文化和价值观，并将其与中国的传统文化在骨子里进行透彻的结合，对传统文化进行“正反合”的加工，将中国传统文化做了更新和升级，值得我们借鉴。此外，20 世纪 90 年代，在天然资源相对匮乏的背景下创造现代化建设奇迹、一跃成为“亚洲四小龙”之一的新加坡，正是合理运用了儒学思想，使之与本国国情紧密结合，才能在现代化道路上开局即赢。新加坡第一任总理李光耀选择了儒学核心价值观作为治国理念，将“忠、孝、仁、爱、礼、义、廉、耻”八个字一一赋予符合其具体国情的含义，化身为新加坡人的道德准则和安身立命之本。他认为即使拥有富足的物质和高超的技术，也绝不能忽视精神世界的存在。儒家学说到底有什么样的魅力，让异国领导人将其视为治国理念，甚至将倡导该学说作为刻不容缓的政务呢？实际上，因为历史原因，新加坡大部分人民都受过儒学熏陶，浸染身心的那些儒学价值观在人生的岁月中始终如影随形，比如，务实肯干、注重集体凝聚力等。尤其是在 1959 年到 1969 年的艰辛岁月里，如果没有调动起儒学的强大凝聚力，新加坡是无法带领人民克服那些困苦与挫折的。

儒学传统能否生发现代性的提问，其实也是中国怎样处理传统与西化以应对现代性的问题。“中国这种现代性也不缺乏建构性。但这种建构性，却缺少此前如在王国维和章太炎那里看到的中西会通或融合的建构性，是‘拿来主义’的西化甚至‘全盘西化’的建构性。以‘西化’来实现现代化，或者说取得与世界相通的现代性，乃是发展中国家的共性。”① 现代新儒家认为儒学是促进包括中国在内的东亚地区现代化的精神力量，即使仅从儒学自身的内在展开而言，也必然会将东亚社会带入现代化的进程之中。中国大陆应该借鉴中国台湾地区和新加坡的经验，汲取中国传统文化的思想精华，与国情进行最贴切的结合，采取合理的方法进行优化升级，助力开拓中国式现代化新道路。

三　新儒家学者如何应对现代性

首先，西方现代化弊端显露，近代知识分子尤其是现代新儒家开启了到底应该怎样应对现代化的思考。梁启超在 1918 年底至 1920 年初去欧洲考察社会政治问题时，发现了第一次世界大战以后欧洲经济的萧条败落，他写作《欧游心影录》助缘现代新儒学应对现代化。他在书中发出了以下感慨：“当时讴歌科学万能的人们满望着科学成功黄金世界便指日可现。如今功总算成了，一百年物质的进步，比从前三千年所得还加几倍；我们人类不惟没有得着幸福，倒反带来许多灾难…… 欧洲人做了一场科学万能的大梦，到如今却叫起科学破产来。”②

“五四”时期，文化思潮取代了戊戌变法和辛亥革命时期的政治思潮，文化被认为是治疗时代痼疾的最佳途径，中西文化论争的势头盖过了政治变革，以至于全盘西化派和东方文化派成为

① 王树人：“中西现代性论纲”，《江苏行政学院学报》，2003 年第 2 期。

② 梁启超：《欧游心影录节录》，《饮冰室合集》专集之二十二，中华书局 1989 年版，第 12 页。

完全对立的两个派别。另外，西方思想家对东方文明亦充满向往，使得弘扬东方文化成为一股世界潮流。

梁漱溟的《东西文化及其哲学》是现代新儒学应对现代化的发端。梁漱溟是第一个现代意义上的儒者，被称为“新陆王派”，他以维护传统儒学的人生态度和道德理想为职志，试图以东方的精神文明去救赎西方的物质文明。他在儒家现代化的努力过程中汲取柏格森生命哲学的养分，用其中的生机主义和直觉主义诠释儒家哲学，用其中的生命概念述说儒家学说的大化流行和“生生之谓易”。总之，他以极强的文化自信坚守中国的儒学精神。

其次，尽管梁启超登高一呼，打碎了欧洲科学万能的美梦，梁漱溟东方文化复兴的主张也振聋发聩，但二者均遭到了国内科学主义的阻击，致使以现代新儒家为代表的人文主义思潮与科学主义思潮形成对垒，此即中国近现代思想史上具有重大影响力的“科玄论战”。这场论战非常敏锐地触及了人类文明所共同面对的时代课题——科学和人文、工具理性和价值理性，孰重孰轻？结果是，不给人文领域留下空间的“科学万能论”以及无须价值理性滋润的“工具理性”受到了挑战、遭遇了困境。一边是在解决人生的意义与目的方面，科学及科学方法无法与传统形上学比肩；另一边是“工具理性”作为一种手段，不如价值理性那样可以找到意义与价值。“科学至上”和“工具理性”败下阵来的时候，张君劢以“玄学”战士的姿态彰显了现代新儒家的尊严、理想和精神，以“价值世界”和“意义世界”超拔科学的“事实世界”，以“生命的学问”完成生命的体量和意义，在“儒门淡薄，收拾不住”的时代，毅然坚守儒学的义理纲维，对抗“科学”这一“横行”多年的价值准则。

除了张君劢，现代新儒家们也都做出了原创性的思考。熊十力被称为20世纪最具创发性的思想家之一，是现代新儒学形而上学的奠基者。他极其重视道德原则，真可谓“延圣贤学脉于一线，为黄帝子孙做典型”（蔡仁厚语）。正如牟宗三所说，现代新儒学“就‘学’而言，是道德的形上学；就儒者之教言，是内圣外王之教……是成德之教”①。熊十力“以体用不二立宗”，以“本心即本体”来高扬道德理性，以“翕辟成变说”来论证实体即功能等。他的哲学充斥着卓然挺立的民族精神，为新儒学的发展和深入提供了可资参考及传承的致思框架。他从对中华民族的使命感和责任感出发，以自身的性命体验激发和探赜传统的源头活水来滋养传承中的儒学，将主体生命的安顿与民族未来的忧思整合在一起，为新儒学的形上学构建以及挖掘儒学的现代功用做出了重大贡献。

牟宗三作为新儒家第三期的代表人物，是现代新儒学理论的系统建构者。从熊十力一句“良知是个呈现”获得启发，牟宗三提出了“良知自我坎陷”的学说，开出“知性主体”，试图在现代社会中由“内圣”开出民主科学的“新外王”，以打通事实世界与价值世界。他认为“新外王要求藏天下于天下、开放的社会、民主政治、事功的保证、科学知识，这就是现代化”②。他

① 牟宗三：《现象与物自身》，（台北）台湾学生书局1984年版，第40页。

② 牟宗三：“从儒家的当前使命说中国文化的现代意义”，载《现代新儒学辑要丛书》之《道德理想主义的重建——牟宗三新儒学论著辑要》，中国广播电视出版社1993年版，第19页。

的学术理论打破了与科学主义对立的局面，超越了简单持守两个世界划分的前辈新儒家，在更高的层面达到了人文精神与科学理性的统一。

1958年，张君劢、唐君毅、徐复观、牟宗三合撰《为中国文化敬告世界人士宣言——我们对中国学术研究及中国文化与世界文化前途之共同认识》，在国内外引起很大反响。这一宣言的发表，是现代新儒家在当时的时代背景下为中国现代化开出的一剂儒学文化的药方，在新儒家历史上写下了重要的一笔。这剂药方包括：探讨儒家心性之学在现代的意义和价值，以及如何以其对治现代性弊端；挖掘中国文化中固有的科学意识，以与现代性的科学精神“相应”；探赜中国文化中的民主意识和民本思想，以与现代性的民主精神“相应”；凝练中国文化中的伦理道德，以与现代性的伦理意识“相应”；等等。宣言中还表达了中国哲学在中国文化中的重要地位，尤其是分析了中国哲学与西方文化之不同，既对西方文化有期望，又对中国文化有自信，并提及西方亦应对东方智慧有所学习。

最后，现代新儒家在应对现代化的过程中呈现出的民族精神及标榜的道德形上学，作为新儒家思想的内核，具有深远的理论意义和实践意义。

一方面，儒家自汉武帝时期开始便作为主流意识形态，雄霸中国社会两千多年，其影响之深远有目共睹。这期间，中国不仅有汉唐盛世、宋代繁荣，甚至在明末崇祯、清朝顺治到康熙时代，西方都深受中国文化的影响。卢梭、伏尔泰、莱布尼茨等都曾青睐中国文化。以儒家为主的中华民族文化和民族精神确曾让我们充满自豪感。先秦以孔子为代表的儒家思想在伦理、仁爱、礼乐、教育等方面奠定了基础；汉代以董仲舒为代表的经学家在三纲五常等方面强化了儒家的礼教功能；唐代以韩愈为代表的儒家学者在排佛斥佛的过程中接续了儒家道统；宋代以二程和朱熹为代表的理学家以心性学为切入点构建儒家的道德形上学；黄宗羲、顾炎武、王夫之等明末大儒在传续儒家“内圣”道统的同时开出“外王”之学。这一切都可以用宋代关学的代表人物张载的四句教——“为天地立心，为生民立命，为往圣继绝学，为万世开太平”所彰显的儒门豪迈来总结。从某种程度上可以说，中华民族两千年来的民族生命和民族精神都安立在儒家文化身上，尽管佛教传入后出现过“儒门淡薄，收拾不住”的局面，但儒家文化安立民族生命与民族精神的伟大功能从未动摇过。历朝历代的儒家学者对民族文化传统都怀抱着生命根处的深情，把维护和延续中国文化之慧命看作自己神圣的历史责任。无论经历怎样的世事变迁，他们对孔子、儒家和传统文化都依然怀有深深的敬意，对民族文化传统温情脉脉，谨守先业，唯恐“弃我故常”。梁漱溟的那一句呐喊——“世界文化的未来就是中国文化的复兴”——道出了他们的心声。在现代化大势的冲击之下，儒学亦应与时俱进，在生命与精神深处成功地接纳现代化，最终使现代化成为中华民族生命和民族精神的一部分。

另一方面，哲学的功能不在于帮助人们获得关于外部世界的某些具体知识，增强改造自然的技能，而在于提高人生境界，成就理想人格，以达到所谓的“圣贤”之域。儒学中最宝贵的内在资源，可以万古常新的部分，即是它的道德心性之学，或谓“内圣”为己之学。“此心性之学，乃通于人之生活之内与外及人与天之枢纽所在，亦即通贯社会之伦理礼法、内心修养、宗教精神及形上学等而一之者。”① 这是一种通过道德实践体证天道与人性合一，从而使人成圣成贤的学问，可谓拟议甚高，以此内圣之学为“形上”基础的正统儒学在学术史上星光熠熠，让我们更加坚信，儒家的精粹在于人的道德性之挺拔坚贞。宋儒基于唐末五代社会的人道堕落，以强烈的道德意识和卓越的哲学建树复苏了先秦儒学，在宋代实现了先秦儒学的“时代化”。熊十力先生说宋明儒学“卓然立人道之尊”，宋儒是真能清澈而透彻地立于道德意识之上而用其诚的，因而亦能真正把握儒圣立教之本质。周敦颐以中庸之“诚”步入儒门正统，默契道妙；程颢以“仁者浑然与物同体”的高阔浑沦进至圆融境界。总之，宋儒为儒家道德形上学的确立做出了巨大贡献。明末大儒黄宗羲、顾炎武、王夫之在儒家“内圣”基础上努力开出“外王”，他们的著作中有很多开明的政治经济思想，但是清兵入关，将他们为中华民族的未来带来的希望堵截了。“清末以来，国人恒自卑，视固有学术都不成为学术。”②要“掘发其固有宝藏，涵养其自尊自信之毅力”，如良医“谨其攻伐而善护其元气”，才能“消其郁滞，则痼疾自除，而生命力乃日益充沛”③。在乱世中国，生命人格卓然有所树立是极难的。生命中的真性情、真智慧、真志气需要涵养，“儒家之

① 唐君毅：《中国文化与世界》，（香港）《民主评论》，1958 年第 9 卷第 1 期。
② 熊十力：《十力语要》（卷三），上海书店出版社 2007 年版，第 219 页。
③ 熊十力：《十力语要初续》，香港东升印务局 1949 年版，第 14 页。

所以为儒家”的关键，在于掌握儒家本源核心之学，把握住那一份真性命，才能不失儒家之矩矱。

现代新儒学是20世纪20年代产生的以接续儒学“道统”为己任、服膺宋明理学、力图客观而同情地理解传统儒学，并以此为基础来吸纳融合西学，以谋求中国文化和中国社会的现代化出路的一个学术思想流派。它坚持传统儒学特别是宋明理学的道德理性主义立场，通过重建心性本体论，使儒家所要开发的道德良知具有形而上的究极意义，并且通过内在超越性的论证，着重阐发儒家将天道落实于人性之中的成德之教所具有的虔诚精神，把解决终极关怀、安身立命的问题看作这种哲学的最高智慧所在。

然而，现代新儒家未能处理好儒学和现代化的关系问题，提出的道德理想陈义过高，在中国现代化的过程中实际上回声很小，也未能提出一套对现代化的技术生产、经济运营、政治管理等行之有效的外王学问。也就是说，儒家对现代化进行了积极应对，但没有产生明显的效果。

总之，我国在新时代中国特色社会主义现代化建设中既要借鉴发达国家现代化的积极成果，又要吸取教训，避免它们在现代化过程中遭遇的负面后果。“所谓从现代性问题出发理解马克思主义哲学，就是要求从反抗资本主义压迫和支配权这一特定的意识形态维度来解读马克思的哲学观点。”① 中国化马克思主义哲学把现代性作为一个整体的历史现象，把对哲学本体的批判与对

① 张盾：“论马克思主义哲学研究应以现代性为问题背景”，《求是学刊》，2005年第1期。

现代化的历史进程的分析结合起来，不仅在理论上对现代性进行了批判和重建，而且在实践上参与了现代化的变革，对现代化的发展起着积极的作用。与西方后现代哲学家对现代性的批判缺乏积极向上的力量不同，中国化马克思主义理论对现代性的深刻反思真正展示了现代化健康向上发展的前景。

第二章 道家传统的现代化具有必要性

面对现代性的弊端，不仅西方后现代主义者、马克思以及西方马克思主义者都做出了批判性反思，而且中国也对现代性发出应对，不仅有近代知识分子为扫清现代化道路上的障碍对传统的扬弃，还有新儒家对儒学能否生发现代性以及如何应对现代性的深度思考，更有中国化马克思主义者对现代性的理性反思与周全应对。面对现代化的纵深发展态势，新时代文化建设呼唤道家传统文化“应世”。也就是说，道家如何反思及应对现代性并给出方案，成为世之所需。

第一节 现代性需要道家传统“应世”

一 从发生学角度讲，传统文化具备现代性不可消解的因素

在现代性中确实有一些共性的东西，比如民主、市场、法制、人权、自由等。在这样的背景下，各个国家不同体系的传统文明，一些“自行转化”为现代文明，一些为大势所趋“被迫选择”现代

文明，在蹒跚学步中与现代化偕行。无论是“自行转化”还是“被迫选择”的现代化，基本方面大致趋同，都是不能不要市场经济，也不能不要个人的自由以及民主、法治等。虽然各个国家因传统根基不同而形成的现代化样态有所不同，但每一个文化形式都应该满足现代性中不可消解的因素。因为任何文化的现代性若不满足现代性中那些不可消解的因素，就会受到质疑以至于被扬弃。

基于上述考虑，有人认为中国传统文化“开”不出现代性。不仅市场经济和现代社会制度在中国传统文化里发展不起来，而且先秦诸子缺少逻辑、实证精神等思维方法的弱点，也发展不出现代科学。因为传统文化在制度上没有形成权力制约，在法律上没有形成法治精神，在经济上压制经济自由等。但实际上，中国历史上曾经产生过市场经济的元素，比如宋代，在海上、内陆都有贸易往来（当然，它只是市场经济元素，不是资本主义）。17、18世纪，以生物、医学、农业技术为例，中国的某些科学技术跟西方比不仅不落伍，甚至远远超过西方。此外，中国传统文化中的民本思想、政治法律、道德伦理等也有与现代性相合的因素。这些都实实在在地刻写在中国历史上。所以从发生学角度讲，中国传统文化非但不是与现代社会格格不入的，而且真正具备那些现代性不可消解的因素。

二　从解释学角度讲，现代性的发展在一定程度上有赖于传统

现代性的发展是有赖于传统的。

首先，西方现代化可以借鉴和汲取东方的传统文化。当东方

社会发展为现代社会时，面临着必然要做的一个抉择，即到底要不要接受现代文化？面对西方的挑战，有四种回应，一种是绝对抗拒，一种是全盘接受，一种是兼而有之，一种是贯通融合。其中，一些拒绝现代文化的人认为人类文化具有多元性，不该以西方文化马首是瞻，而且西方文化弊端日显，应该对西方现代文明进行反思，而不是一味地标榜或全力信奉。西方文明有弊端、有局限，比如自由、民主、法治、人权这些不可或缺的观念虽然被西方人标榜为亘古不变且超越其他文明的普世价值，但是在自由之外应该有公正，在理性之外应该有情怀，在法治之外应该有礼让，在个人尊严之外应该有社会和谐，而这些在东方文明体系中有较多呈现。也就是说，当西方文明一路高歌、所向披靡，在工具理性领域恣意驰骋、战无不胜之时，应当回望东方世界公正、情怀、礼让、社会和谐等文明特色，并汲取其中的养分，这样才能缓解日益凸显的危机。正如亨廷顿提出“文明冲突论”一样，如果文明有冲突，那么文明对话就更加必要。所以，西方文明应该以强大的反思力在与东方文明的对话中获得更大的益处。

其次，现代化的多元性有赖于传统的多元性。现代性进入多元化时期，一种是从西方一根而发，开始于启蒙运动，经过工业革命、科学技术的发展以及都市化，慢慢形成的一个以西方为主导的所谓西化、现代化；另一种是东亚现代化，在西方模式之外，比如在日本、中国台湾地区或中国香港特别行政区以及现在中国大陆的沿海城市，确实有新的发展道路。将来南亚、东南亚、拉美乃至伊斯兰世界、非洲，都会慢慢发展出自己的现代化。现代化具有多元性，比如民主、市场经济、人权等现代性的特征因素，因不同的社会、有差异的国情、多元的文化传统而有所不同。各民族国家的侧重点和优先层面也不同，比如法国突出革命，英国侧重渐进，美国则是市民社会发展蓬勃。之所以不同，跟各民族国家传统文化的差异有很大关系。因为传统一方面是制约，另一方面是塑造，即传统具备塑造现代性的基因，多元传统塑造多元现代化模式，而且在现代化的过程中可以拥有不同的文化形式。比如梁漱溟在 1923 年提到世界上三大重要文明的典型特征——西方的进取、中国的中和、印度的舍离，这些具有差异性特征的传统必然生发出具有差异性特征的现代性。

最后，传统的深厚与否关乎现代化发展程度的高低。应对和迎接现代化，需要自身深厚的文化传统；现代化的程度高不高，在一定情况下依赖于传统文化的底蕴深不深厚。因为传统对现代性产生预设的、先置的影响。迄今一百年以来，中国全力进行现代化，在这一过程中，那些深厚的文化传统以“心灵的积习”①如影随形，潜移默化。也就是说，它的深厚与否关乎现代化水平的高低。如果排斥或切断传统文化，对现代文化的接受也可能是肤浅的。对自己传统文化的复杂体系有一个高质量鉴别的能力，才能够同样有鉴别西方优异文明成果的水平。简言之，如果对自己的传统粗暴地“一刀切”，对西方文明的鉴别性接受也必然是肤浅的，比如“拿来主义”就不是把西方文化全部都拿来，而是要把科学背后的理性、自由等深层的思想意蕴学过来。如同日本

① 这是法国历史学家、政治家阿历克西·德·托克维尔的观点。

将国际化和传统文化结合起来推进现代化一样，中国也应该扎根于自己的传统文化，扬弃西方现代化模式，开辟出中国式现代化新道路。

三　道家被“呼唤”接力新儒家并与其一道参与新时代文化建设

（一）“现代新儒家”对“现代化”冲击的回应

20世纪80年代出现了“国学热”，新儒学研究如火如荼地开展起来。道家的研究与其互相推进，试图寻求传统现代化的路径，以学术贡献社会。

回想“五四”时期，西学强势来袭，以科学和民主为显著特征的西化被视同为现代化，中国传统文化遭到西方思维模式的强势审视，“古今中西”的横纵难题困扰着中国的知识精英，他们面临着传统文化不可避免的现代重建问题。儒学作为传统文化的代表，在这样的时代背景下受到质疑，遭到打压，甚至被放逐。幸运的是，一批儒家学者秉承儒家“为往圣继绝学”的情怀、担当，振臂疾呼，护持儒家道统，延续儒学精神，力求儒学复兴，以克服近现代中国的“意义和价值危机”，为中国人提供安身立命之所为己任。面临“五四”时期对儒学的巨大挑战，这批儒家学人始终全身心地归宗儒学，是促进儒学现代转化、将儒学推向新阶段的“现代新儒家”。他们以儒家文化资源应对冲击和挑战，回应时代之问，于自觉不自觉中激活了儒学传统，创立了现代新儒学的思想体系。在“冲击—回应”的过程中，我们看到了传统的坚毅、自我辩护力和生发力。总之，现代新儒家曾经为保住中华传统文化的命脉做过体面的、有尊严的抗争，曾经努力探索儒家思想中能够和西方现代性的民主、科学相应的文化元素，为中华传统文化的现代面向和文明重塑做出过重大贡献。如果说新儒学在“五四”时期代表中华传统文化对西方现代性做出了颇有尊严的应对，那么在当今时代，新儒家的困境则为道家文化的发展留出了空间，因为道家传统文化在现代和后现代叠相交接的历史时期起了非常重要的“相应”且有效的接力作用。

改革开放以后，“科技至上”和“工具理性”这些现代性理念渗入我国经济领域，在经济取得飞速发展的同时，受西方价值观的影响，人们物质欲望膨胀，拜金主义、商品拜物教兴盛起来，人在商品和物质面前逐渐丧失了主体性并发生异化，表现为精神和信仰的危机以及价值和意义世界的缺失。在征服自然和改造自然、大力发展生产力的号召之下，自然界遭到破坏，人与自然的和谐关系失衡。在人与人、人与自然、人自身出现现代性危机的时候，西方后现代学者批判、反思、解构现代性，并从东方道家文化借鉴思想资源。道家文化在和后现代灿烂相遇后，参与解构现代性，同时超越现代性和后现代性，恢复并进行自身的文化建构，为中国式现代化道路做出独特贡献。

（二）新时代文化建设需要汲取道家传统文化精华

首先，中国对现代化的应对历史已发展到新时代，需要道家文化的参与。近代以来，中国受西方影响，进行新文化运动等，引进民主与科学，不惜牺牲传统以努力亲近现代化，希望借此挽救近代中国的危机。而后，经历改革开放以及社会主义市场经济，在经济领域的突飞猛进使中华民族以大国形象重立于世界民族之林。可是，工具理性和科学至上的现代性理念在推动中国取得经济发展的同时，也使我们与西方国家一样遭受着现代性带来的恶果，在人自身、人与社会、人与自然等方面全部受到了前所未有的挑战。为了应对挑战、解决弊端、缓解恶果，急需道家的“应世”，希望它能够助力解决这些问题。中国共产党作为中国传统文化的忠实继承者和弘扬者，主动对中华优秀传统文化加以运用，使其服务于新时代中国特色社会主义建设、中华民族的伟大复兴以及中国梦的实现。

其次，参与构建新时代中国特色社会主义文化，需要吸收道家文化精华。当前的国内外形势要求构建中国特色社会主义新文化理论来应对社会实践的发展，这就要求吸收中华优秀传统文化的精华以及西方优秀文明成果，并将它们与马克思主义理论进行综合、协同创新，构建成一体化的文化体系，为新时代中国特色社会主义现代化建设实践服务，为人们生活的世界提供价值和意义。可见，吸收优秀的道家文化资源，使其成为新时代中国特色社会主义文化理论大熔炉中的一员，淬炼成为文化精华乃至不可或缺的理论资源，是新时代中国特色社会主义文化的应然要求。

最后，构建国家文化战略、助力中国国际角色的塑造，需要道家文化的精诚参与。中国应该在全球化背景之下构建国家文化战略，使中国文化“走出去”，扩大中国文化的世界影响力，在国际政治经济秩序中塑造有道义、有担当的中国国际形象。道家现代化将助力这一目标的实现。近年来，道家的身影频繁出现在旨在推动东西文明交流互鉴的国际舞台上，关涉哲学、宗教、伦理等学科领域，是一个国际社会无法忽视、绕开的思想重镇。尤其是在现代化遇到危机，后现代对其进行反思、批判，并试图通过改良的方式使其完成未竟的事业之时，道家在解决东西方现代化事业都面临的商品拜物、人的异化、价值理性缺失、生态失衡等弊端及问题方面，提供那些似乎早已为后人准备好的预言性解决方案，可以在“应世”上大有可为。

第二节　道家只有现代化才能更好地生存和发展

道家产生于中国先秦时代，成长、发展于中国封建社会，有其特定的社会历史条件，自然有其历史局限性。历史的车轮驶入21世纪，随着生产力和科技的飞速发展，社会经济、政治、文化和人们的思想观念等都发生了翻天覆地的变化，如果其不相应地发生变化，不与时俱进，不融入现代社会和现代人的生活，就是“古董”，就是“过时的”“没有生命力”的文化。只有融入现代社会，进入现代人的心灵深处，它才能延续自己的生命力。

一　道家现代化是完成“时代化”的过程

在不同的时代，理论因文化、政治、经济等背景的差异而有不同的表现，但精神实质却具有相似性和传承性。比如，先秦文化在秦以降就随时代的不同而有不同的文化表现：宋明理学是先秦儒学在宋明两代的时代化，魏晋玄学是先秦道家在魏晋时期的时代化。同样道理，传统的现代化就是传统文化在当前时代的“时代化”表现，道家现代化的实现就是道家在当今时代的“时代化”过程。

近现代学者基于时代背景对传统道家进行新的诠释，曾经助推道家“时代化”的实现，使道家未缺席中国近现代哲学界。它的思想活力和魅力使其与近现代发生了时代关联，主要表现在近现代哲学家们对它在本体论、认识论等方面进行了“时代化”诠释。

近现代哲学家的核心人物多数是新儒家的代表，他们在阐发儒学的同时并未冷落道家这一学术珍宝。“现代新儒家的代表人物熊十力、牟宗三、冯友兰、方东美、唐君毅、马一浮等都在不同侧面和不同程度上对道家思想有所研究与吸收。”①

冯友兰 1931 年写作的《中国哲学史》对道家有较深的研究，他的著作《郭象的哲学》《老子哲学》更是以道家为专题研究对象。冯友兰把他所建构的哲学体系命名为新理学：“新理学的基本范畴：理、气、道体、大全，从形式上是指宋明理学讲的，但实质上它们主要源自于道家或终归来自于道家，而且又超越了道家。”② 可见他对道家学术的重视。他认为“先秦道家哲学的发展，一共有三个主要阶段。属于杨朱的那些观念，代表第一阶

① 孔令宏：“现代新儒家与新道家”，《杭州师范学院学报（社会科学版）》，2007 年第 6 期。

② 张斌峰：“试论道家哲学在冯友兰新理学中的地位与作用”，载陈鼓应：《〈道家文化研究·第 20 辑〉之〈道家思想在当代〉》，生活·读书·新知三联书店 2003 年版，第 340 页。

段。《老子》的大部分思想代表第二阶段。《庄子》的大部分思想代表第三阶段即最后阶段”[①]。其中，先秦道家起源于隐者，杨朱是“为我”的道家思想的开山之人。道家主要代表人物老子和庄子有同有别，“大约汉人所谓道家，实即老学也。老学述应世之方法，庄学则超人事而上之……老自老，庄自庄也。道家之名，乃汉人所立，其以老庄皆为道家者，则因老学庄学虽不同，而同为当时一切传统的思想制度之反对派。再则老学与庄学所说道、德之二根本观念亦相同。此汉人所以统名之曰道家之理由也”[②]。

金岳霖写作《论道》，反对人类中心观和自我中心观的形上学基础，提出“道论”，与先秦道家并不完全相同，但整体而言却是以道家思想为宗旨的。其中，他提到的“道”、“式”、“能”、“可能”以及“道的展示”等概念、命题，更是与先秦道家思想有深刻的渊源关系。他还对“无极而太极”这一宋代理学命题做了“道家”式的创新诠释，认为它表征的是整个宇宙洪流的天演过程。金氏的“这一思想既受到西方怀特海哲学的启迪，更是对中国传统道家思想的推陈出新”[③]。尤其是在谈论宇宙洪流中个体的变动时，金岳霖提出一个著名的观点：“变动之极，势归于理；势归于理，则尽顺绝逆。”[④] 这些都与道家意蕴相合。

熊十力哲学的本体论和宇宙论与道家有一定渊源。他吸收了

① 冯友兰：《中国哲学简史》，北京大学出版社1985年版，第79页。

② 冯友兰：《中国哲学简史》，北京大学出版社1985年版，第216页。

③ 胡伟希：“金岳霖的新道家思想——以‘无极而太极’为例”，《云南大学学报（社会科学版）》，2003年第1期。

④ 金岳霖：《论道》，商务印书馆1985年版，第193页。

老子“有无相生”“相反相成”的辩证思想，汲取先秦道家“深于察变”“大化流行”的宇宙生成观，构建他的本体论和宇宙论思想体系。通过对老庄自然本体论的借鉴，形成“本心”本体论。通过对老子的“无”和“道生一，一生二，二生三”的诠释，形成充满生机的体用论——“体用不二”“即体即用”“即用即体”“摄体归用”；促发蓬勃生发的生成论——“翕辟成变”“生灭灭生、创新不已”。此外，他的“个体—整体”观与老庄哲学的“独体”“独化”论既有差异，也具有同一性；他的“性智澄”观与老庄之“涤除玄览”同样有紧密的联系。

方东美在哲学体系的建构上充分吸收了道家思想，认为道家超越了“心物二分”，使有无相应，人道相得，浑然一体。这种对“道体”的超越理解又被投射在具有超越之公心的圣人这一“道”的载体上，进而实现了“道在人间”的具体写照，这样的宇宙人生观恰是中国哲学的核心之一。他又强调“自因自生，自名自道”及“自然生成”的原则，逻辑推出“任性”“称能”“当分”的哲学思考，于是作逍遥之游，趋致自由与无限。可见，“方东美哲学思想的灵魂是道家的哲学思想，他追求的是道家的精神境界，自觉地在思想上、精神上和艺术才情上与道家思想认同”①。

牟宗三的道家观集中表述在《才性与玄理》这一著作和“道家玄理之性格”等论文中。牟氏主要是通过疏释魏晋玄学的玄理玄智来把握先秦道家的精妙。从“玄理”入手，在“玄之

① 胡军：“方东美哲学思想的道家精神”，《中国哲学史》，2000 年第 1 期。

又玄”的“重玄之道”中特别强调“无”的作用，认为道家思想主要是提炼“无”的智慧，主观功夫上的“无”的妙用决定着客观存有论上的“无”的意义，并通过主体的功夫修养及他所谓的“主观圣证之化境”来说明道家的形上学性质，这是一种境界形态的形上学，有别于方东美的超越形态的形上学。通过将老学与庄学进行比较分析凸显庄学，认为庄子之学是道家玄理玄智的全部展现，尤其是以“辩证的融化”这一概念来标陈自然、自在、洒然自足之玄智境界。

唐君毅的道家观主要集中表述在1956—1957年所著《中国哲学原论》之《导论篇》、《原道篇》和《原性篇》，以及1977年所著《生命存在与心灵境界》等书中。他在《中国哲学原论》中用很大篇幅和力度探讨先秦道家思想，通过对道家思想的诠释阐述自己的哲学思想，如“心”“境”“物”“观”“现实”“理想”等概念，都是在对道家思想的诠释中进行的哲学思考。正是用这种“即哲学史以言哲学”的方法，唐君毅建立了“心通九境”的形上学体系。

徐复观认为，道家“以虚无为归趋，但他们是有理想性的虚无主义，有涵盖性的虚无主义，这亦可称为上升的虚无主义”①。正是因为这种上升的虚无主义，中国的道德精神才如此深刻、丰富和富有生命力。儒家思想和道家思想“虽有积极和消极之殊，但其深入人心，浸透到现实生活部面的广大，亦几乎没有二致”②。他发现，魏晋玄学发端于老庄却开出艺术之花，后世文

① 徐复观：《中国人性论史·先秦篇》，（台北）台湾商务印书馆1984年版，第415页。

② 徐复观：《中国艺术精神》，春风文艺出版社1987年版，第39页。

学和艺术领域绽放的艺术精神竟不期然而然地就是庄学和玄学的境界，而庄子由“心斋”“坐忘”等修行功夫把握到的“心”，竟生生地就是艺术精神的主体。

马一浮因探索到儒、佛、道三家“皆以明性道为归”的本质而主张圆融三教。他的老、庄学的一大特色，就在于用佛教般若思想注《老子》上篇而成《老子注》，笺《庄子》文句而成《庄子笺》。马一浮愿意在老、庄学研究上着力，比如他赞同老子“为道日损”的休养方式，也欣赏庄子“逍遥游”的自由理想境界，并切身实践“心斋”“坐忘”的为道方式。同时，他也批判老子辩证法的消极方面、庄子的相对主义认识论等。

当代研究老庄等道家思想的学者也有很多。这些哲学家和学者在一定的时代背景之下，基于以学术服务社会、以学术贡献国家的时代使命，将传统的道家学说与时代主题、时代特征及国情联系起来，对传统进行时代化的阐释，从而服务于时代所需。

二　道家传统只有融入新时代，实现现代化，才能持续发展

不考虑现代社会具体的时代情况，道家难以在现代社会真正地发挥积极作用。只有真正地融入时代，实现现代化，道家才能为建设中国特色社会主义新文化做出应有的贡献。

（一）了解时代背景，抓住时代机遇

现代化、全球化、国际化是不可扭转之“势”。学术的国际化视野越来越开阔，全球化平台越来越广泛，这是道家现代化的

重要时代背景。一方面，道家实现现代化离不开国际舞台、全球背景。全球化时代是实现道家现代化的重要外缘；建设中国特色社会主义新文化也离不开国际背景。另一方面，国际化的时代背景也需要道家文化作为世界文化的一极参与国际文化事务，比如全球伦理的构建就极其需要道家文化元素的参与。而且，对于中国的发展而言，内政与外交越来越紧密地结合在一起，充分挖掘传统文化资源甚至成为外交领域的刚需和必然性选择。道家作为中华优秀传统文化的重镇，自然会成为重点关注对象。实际上，马克思主义中国化、传统文化现代化、中国文化世界化的发展和趋向，使得道家现代化的开展成为必然的逻辑环节。

（二）紧抓时代主题，把握时代特征

时代主题是人类社会某个发展阶段关乎全球战略、国际问题的主要任务和重要课题，也是时代主要矛盾的突出反映。邓小平曾经高屋建瓴地精准定位时代主题为和平与发展。经过两次世界大战，各国人民都希冀避免战乱、争取和平，并在和平的基础上争取发展。和平与发展交织在一起，密不可分，没有和平谈不上发展，没有发展也谈不上和平，二者共同成为全球性战略问题，而中国的和平与发展也是世界和平与发展的重要组成部分。如今，要科学认识、理性面对时代主题，使全世界各文明主体之间平等地跨文化对话与交流，为巩固和平与发展这样的时代主题而努力。道家传统文化中有追求和平的思想，以明确的“止战”理念示人，与当前的时代主题及时代特征相符合。正因为如此，道家传统文化具有现代化的必要性。

问题意识是马克思主义理论的鲜明特点。马克思提出，“问题是时代的格言，是表现时代自己内心状态的最实际的呼声”①。因此，“真正的哲学”必须捕捉到“一个时代的迫切问题”，必须把自己时代的“迫切问题”作为哲学思考的聚焦点。正因为如此，马克思认为，“任何真正的哲学都是自己时代的精神上的精华”②。恩格斯也说，“一个民族要想站在科学的最高峰，就一刻也不能没有理论思维”③。2016 年 5 月 17 日，习近平总书记在哲学社会科学工作座谈会上提出，“这是一个需要理论而且一定能够产生理论的时代，这是一个需要思想而且一定能够产生思想的时代”④。新时代是现代性、全球性的时空向度下新学术、新思想、新理论无法逾越的节点，在这个节点上，我们应该以问题意识为导向，思考重大时代课题，顺应世界历史和时代潮流并做出理论应答，在现实中找问题，在实践中寻答案，在创新中求突破。道家传统作为中国本土文化，只有实现了现代化，才能更好地生发新学术、新思想、新理论，围绕时代主题给出最佳的解决方案。

（三）满足时代需要，担当时代使命

马克思认为，“一切划时代的体系的真正的内容都是由于产生这些体系的那个时期的需要而形成起来”⑤。理论只有满足了

① 《马克思恩格斯全集》（第一卷），人民出版社 1995 年版，第 203 页。
② 《马克思恩格斯全集》（第一卷），人民出版社 2009 年版，第 220 页。
③ 恩格斯：《自然辩证法》，人民出版社 2018 年版，第 43 页。
④ 习近平：《在哲学社会科学座谈会上的讲话》，人民出版社 2016 年版，第 8 页。
⑤ 《马克思恩格斯全集》（第三卷），人民出版社 1956 年版，第 544 页。

时代的需要，才有存在的必要以及旺盛的生命力。为了中华民族的伟大复兴以及中国梦的实现，近现代以及当代学者们以强烈的时代使命感担当起学术探索和理论研究的重责，努力探赜可以解决中国现实问题的思想理论，其中包括在古今中西的碰撞中对西方思想及中国传统文化进行取舍与扬弃，以服务于现实需要。在实现中国梦以及中华民族伟大复兴的时代使命面前，道家作为传统文化的一极以及中国最重要的本土文化之一，理所当然地应该发挥理论担当作用，通过参与中国特色社会主义新文化的建设，满足中国的现实需要。比如，在提出社会主义市场经济理论以及落实社会主义市场经济体制的过程中，道家理论一方面以自由经济理论为市场经济做论据，另一方面克服市场经济快速发展后给人带来的异化现象；在落实“科学发展观”的过程中，道家中的“法自然”思想与全面、协调、可持续的发展观具有高度一致性；等等。

（四）顺应时代潮流，引领时代风向

新时代中国特色社会主义文化建设既要“跟着时代走”，又要“领着时代走”，因为只有始终走在时代发展潮流的前列，才能为人类文明进步做出贡献。比如，首倡构建人类命运共同体，就是对时代风向的正确引领。在现代化、全球化的今天，道家因其能为人们的心灵世界、信仰领域以及人与自然的和谐等方面注入思想源泉，在世界上的影响力越来越大，传播范围也越来越广，近年来在多元文明的对话中日益崭露头角，甚至参与到全球伦理的构建，越来越受到国际哲学界、宗教界等领域的重视。道

家只有实现现代化，顺应时代潮流，才能助力新时代文化建设，在全球化的今天引领时代风向。

第三节　道家因对现代社会发展的重要意义而具有现代化的必要性

“现代文化”是 17 世纪以后西欧、北美吸收西方文明、伊斯兰文明、中华文明等的精华缔造的文化高峰。对中国而言，在享受现代化红利的同时，也承受着现代性引发的一系列负面效应。

中国的传统和本土文化在与现代化相遇、与当代对话的过程中，到底应该怎样进入现代性？一方面，我们不能就传统而谈传统的作用；另一方面，我们要将传统的作用和中国的发展放在世界历史和现代性的客观必然性之中进行考察，这样才能合理说明传统文化资源在中国现代化中的地位以及它所能产生的影响。与其说是传统文化为现代化提供了精神动力，不如说是现代性的社会制度和经济生活重塑了新的传统，并为从传统中分离出有利于现代性的思想资源创造了条件。总之，传统由旧向新的转换从根本上说，就是一个社会实践和历史的选择过程，只有被社会实践和历史选择的传统，才能在现代化中发挥作用并参与新时代中国特色社会主义文化建设。而道家传统无论在理论上还是在实践上，都能够为中国面临的现代化负面效应提供应对方案。

现代化引发了一系列的负面效应，诸如人的异化、信仰缺失、道德滑坡、自然环境被破坏等。为此，重新建构人与自然的和谐关系、人与人的和谐关系，重新塑造人自身的和谐，成为当务之急。这就需要借鉴中华传统文化中关于人与自然、人与人、人自身的和谐关系的思想成果。而道家正好适应了这种客观需要。道家在一定程度上能够为现代化尤其是工具理性带来的负面效应起到改善和重构的作用。作为建构性、实效性的文化元素，道家既高屋建瓴地解决了价值理性的问题，也参与解决了现实的社会、政治、经济、文化等问题。此外，道家只有融入现代社会，才能重新复活并延续生命力。所以，道家具有融入现代社会的必要性及进行现代化改造的内在诉求。

一　道家的内在价值取向对解决现代性负面效应的意义

（一）“自然无为”的人生价值论

如果将道德分为自然属性和社会属性，老子对标榜自然属性的道德观持肯定态度，对标榜社会属性的道德观持否定态度。他认为，“大道废，有仁义；智慧出，有大伪；六亲不和，有孝慈；国家昏乱，有忠臣”（《道德经》第十八章），具有自然属性的道德是“大道”。儒家社会道德对“大道”进行了侵蚀、破坏，从而使人心不古，“礼崩乐坏”。儒家张扬仁义、忠孝的“义理”，恰是“大道”损坏的表现。“故失道而后德，失德而后仁，失仁而后义，失义而后礼。夫礼者，忠信之薄而乱之首”（《道德经》第三十八章），正因为“大道”不显，才使得仁义礼智信渗入社会充当道德评判标准。“上德不德，是以有德；下德不失德，是以无德。上德无为而无以为，下德为之而有以为”（《道德经》

第三十八章)。“上德”是指没有世俗的功利目的、追求自然属性的道德，不受世俗道德的约束；“下德”是指追求社会属性的道德，局限于世俗道德的约束之中。正是因为人们为物欲所累，丧失人性本真，一味地追求名利，才使得社会风气败坏，道德滑坡，国家无序。老子认为，与其用儒家义理来挽救道德、构建良序社会，不如教人返璞归真、见素抱朴、少私寡欲，回归“婴儿”心境，那样的自然无为，素朴随性，更加有利于安身立命，实现家国太平。

(二)“知足”“不争”的理想人格论

老子崇尚“自然”，追求“无为”的境界，同时主张“不争”“知足”。“水善利万物而不争”(《道德经》第八章),“夫唯不争，是以天下莫能与之争”(《道德经》第二十二章)。老子主张的“不敢为天下先”(《道德经》第六十七章)也反映了一种“不争”精神。不争而天下莫能与之争，与“无为而无不为”具有逻辑一致性。无为，是不妄为，是顺自然而为，则无不为；不争，是不妄争，是合规律之争，则天下莫能与之争。这种“不争”是大气象的、包容的、超越的思维方式，是一种理想的人格。老子提倡“知足”,“祸莫大于不知足，咎莫大于欲得。故知足之足常足矣”(《道德经》第四十六章)。人若克除欲望，不但能够知足常乐，还可避祸。节制欲望，适可而止，是保持长久之计。老子还强调“圣人去甚，去奢，去泰”(《道德经》第二十九章)，这是要人们消除过分的欲望，唯其如此，才能知足不争。总之，老子追求的人格理想是自然无为、处柔不争、知足常乐。当今时代，人们在激烈的竞争环境下，如果能够有知足、不争的处世人格，自然会获得喜乐和自在。

二　道家认识论的超越境界对解决现代性负面效应的意义

道家认识论中的超越境界有利于消解现代性的负面效应。道家认识论的超越境界在《道德经》里有所体现，并让老子高悬了一个价值目标——生存的终极境域。他认为，生活世界即使有舟车、甲兵等技术工具，也无涉于生存的本真意蕴，人们不能因此而羁绊其中，受其奴役，应越过这一“器”的层面进入自由的、活生生的“道”的境域，唯有在这种境地，才能发生并维持丰满自然的人生形态。

道家认识论的超越境界让处于世俗中的人在入世间法与出世间法的张力中受益匪浅。庄子追求“逍遥无待之游”（《庄子・逍遥游》），以“坐忘”“心斋”“见独”“朝彻”等境界使其得以呈现。“坐忘”，即“隳肢体，黜聪明，离形去知，同于大通，此谓坐忘”（《庄子・大宗师》），忘却知识、智力、礼乐、仁义；忘却分别、妄执；“心斋”，即去除附着在心里的经验、成见、认知、情感、欲望与价值判断，自虚其心；“见独”，即忘却我们的形躯，达到精神的绝对自由，澄澈灵台明觉，实现心对“独立无对”的道本体的体悟与回归；“朝彻”，即实现物我双忘，慧照豁然，如朝阳初起的境界。然后进入所谓无古今、无生死、无烦恼的大道意境。庄子的生存境遇主张是，身处“有为之累”仍能获得超然之境界，能够“自事其心”，也就是“知其不可奈何而安之若命”(《庄子·人间世》)。这其实也是“心闲”的境界,独与天地精神往来,而不傲睨于万物,不谴是非,以与世俗处。这样的生存状态由巨大的超越而得,看似简单实则至难,非经历人生之艰辛者似不能言此。庄子“无江海而闲”的观念实际上已经进入一种心闲的超越之境。庄子追求的生存境遇是自由,是“无待”之下的“逍遥游”,是外在超越和内在解脱的共同功用,是“物物而不物于物,则遥然不我得”(《庄子·逍遥游》)的心灵感受。

任何现实的人都有理想,都有真、善、美的超越性的追求,而道家的理想境界就是至真、至善、至美的合一之境。庄子追求的理想人格是“至人无己,神人无功,圣人无名”(《庄子·逍遥游》)。庄子之真人、至人、神人、圣人都是“道”的化身,与“道”同体。每一时代里的人都既是作为“类”的人,又是作为“群体”的人,且是作为“个体”的人而生存的。虽生活在俗世之中,却总会追求一种超脱俗世的理想胜境,即空灵净洁的形上世界,这样才能体会逍遥自由、超脱放达、自由天放的精神愉悦,才能追寻无穷和无限的“道”体。庄子参透生死之徒、世俗之礼、哀乐之情,从中超然解脱,成就了理想人格和绝对自由。

首先,对于死生之徒,庄子说:“死生终始,将为昼夜而莫之能滑,而况得丧祸福之所介乎?”(《庄子·田子方》)又说:“死生,命也,其有夜旦之常,天也。人之有所不得与,皆物之情也。”(《庄子·大宗师》)庄子将生死作为哲学命题,且以各种寓言的形式帮助人们获得对于生死的心灵超脱。他在生死之上建立一个更高的客观存在，那就是自然，他称之为“天地”，或“气”。“生”与“死”只是它的不同表现。庄子说：“生也死之徒，死也生之始，孰知其纪！人之生，气之聚也。聚则为生，散则为死……通天下一气耳。”(《庄子·知北游》)又说：“天地者，万物之父母也；合则成体，散则成始。”(《庄子·达生》)庄子以旷达的胸怀将自己融于永恒的自然变迁、运动过程中，“其生也天行，其死也物化”(《庄子·刻意》)，视生死犹如梦觉昼夜、春秋四时，形有所迁，而质未有变。

其次，对于世俗之礼，庄子主张从儒家的仁义礼乐等世俗观念中解脱出来。他说：“芒然彷徨乎尘垢之外，逍遥乎无为之业，彼又恶能愦愦然为世俗之礼，以观众人之耳目哉!”(《庄子·大宗师》)世俗之礼区分是与非、善与恶、美与丑。庄子以“寓言”等写作手法，通过对这种世俗之礼进行辨析得出否定性的结论，那就是没有绝对的、统一的是非、善恶、美丑的标准，所以，要泯灭是非，齐同善恶，同化美丑，才能“与道为一”。比如，庄子认为是非曲直的判断是“与物相刃相靡”(《庄子·齐物论》)，毫无意义。“以道观之，物无贵贱”(《庄子·秋水》)，“天地一指，万物一马”，事物之间没有差别，庄子以“圣人和之以是非，而休乎天钧，是之谓‘两行’”(《庄子·齐物论》)的相对主义态度，教人们从世俗之礼的缠绕中摆脱出来。

最后，对于哀乐之情，庄子以“无待”“忘己”“安命”来“悬解”哀乐。庄子提出“至人无己”，认为“无待”的绝对自由取决于“忘己”，“忘己之人，是谓入于天”(《庄子·天地》)。所以，庄子的“无己”“忘己”“吾丧我”就是无情，即“喜怒哀乐不入于胸次”（《庄子·田子方》）。庄子不生本性以外的妄念，不作本分以外的贪求，心无得失祸福之累，心内亦不起哀乐波澜。但是，哀乐之情，人所固有，正可谓“人之生也，与忧俱生”（《庄子·至乐》），所以才有了“吾以为得失之非我也，而无忧色而已矣”（《庄子·田子方》）的体悟。庄子的人生哲学体现了与儒家哲学完全不同的内在价值追求，更为处于逆境和不幸的人们提供了强大的精神力量以及消解苦闷心情的道家路径。

中　篇

理论论证：道家现代化何以可能?

第三章 道家自身具有现代性向度

习近平总书记指出："从全面建成小康社会到基本实现现代化，再到全面建成社会主义现代化强国，是新时代中国特色社会主义发展的战略安排。"① 2021 年又指出，"我们坚持和发展中国特色社会主义，推动物质文明、政治文明、精神文明、社会文明、生态文明协调发展，创造了中国式现代化新道路，创造了人类文明新形态"②。

任何能够与现代性对接的文化都具备一些现代性不可消解的元素，比如民主、市场、法制、人权、自由、科学等，正是这些元素带来了现代文明。现代性大概包括三个向度，分别是市场经济、现代民主、科学技术。道家传统因具备这三个现代性向度而具有实现现代化的可能性空间。

---

① 习近平：《决胜全面建成小康社会　夺取新时代中国特色社会主义伟大胜利——在中国共产党第十九次全国代表大会上的报告》，人民出版社 2017 年版，第 29 页。

② 习近平：《在庆祝中国共产党成立 100 周年大会上的讲话》，人民出版社 2021 年版，第 14 页。

第一节　道家文化具有现代化的内在诉求

一　道家具有和现代化对接的合理内核

传统并不完全是被动地接受现代化的，其自身也有现代化的诉求，且有一脉相承、生生不息的社会土壤，一以贯之地在不同的时代里传承不止、绵延不绝。传承传统的人为了使传统与时代相合，会与传统自身转化的诉求同步，也就是传统的传人自身也具有现代化的内在诉求。

道家是中国传统文化的重要组成部分。李约瑟（Joseph Needham，1900—1995）指出："中国如果没有道学思想，就会像是一棵某些深根已经烂掉了的大树。"① 董光璧说："我确信重新发现道家具有地球船改变航向的历史意义。黄土文明与海洋文明的融合，有如黄颜色和蓝颜色调出绿色，将产生人与自然和谐的新的绿色文明。"② 可见，道家传统无论在过去、现在还是未来的时间节点上，都是对中国文化和社会的发展起重要作用的思想资源，而且在促进人与自然的和谐、人与社会的和谐、人自身的和谐方面有着特有的优势，所以具有和现代化对接的合理内核，其自身也有在新时代绽放的需求。

具体而言，道家传统能够顺应时代变迁，以创新的姿态实现现代化。其一，"有物混成先天地生。寂兮寥兮独立而不改，周

① 李约瑟：《中国科学技术史》（第二卷），科学出版社 1990 年版，第 178 页。
② 董光璧：《当代新道家》，华夏出版社 1991 年版，第 4 页。

行而不殆，可以为天下母。吾不知其名，强字之曰道”（《道德经》第二十五章）。可见，“道”是“天地之始”“万物之母”，能涵养各个时代。其二，“强为之名曰大。大曰逝，逝曰远，远曰反”（《道德经》第二十五章），体现出“道”广大、无际，涵纳各个时代。其三，“事善能，动善时”（《道德经》第八章），说明“道”注重与时偕行，随物流行，适应时代的变迁。其四，“保此道者不欲盈，夫唯不盈故能蔽而新成”（《道德经》第十五章），说明“道”以“新成”为“恒”“常”，即以创新为常态，所以能够在新时代以创新实现现代化。

二　民族本位思想使道家现代化具有内在适应力

道家传统文化在中国具有本土性、原生性、民族性。作为中国的本土文化，道家现代化的实现受到民族本位思想的影响。民族本位思想使人们对道家具有天然的宗教亲近感、文化认同感和思想自信心。面对时代的变迁，民族本位思想自觉地、本能地推动道家现代化以适应时代需求，这使得道家现代化具有受人们思想聚力推动的内适性，也与人们愿意看到传统的复兴而不是衰落的心理相应。而且，包含道家在内的传统文化具有相对的稳定性，因为传统元素一旦植入人的头脑和意念之中，并外化为人的行为，进而形成风俗习惯之后，就会以相对稳定甚至凝固的状态存在，人们在适应、习惯中对传统产生了长久的依赖性，然后代代相传，使传统以强有力的传承性绵延不绝。如果没有强权等外力的限制、阉割、截断……传统是很难泯灭消失的。道家文化传统与千百年来人们的民族心理处于同位线上。无论人们处在哪个时代，他们的民族心理都会因传统的相对稳定性及必然传承性而与传统一道步入新的时代。总之，道家的民族本位性使得它与现代化具有内在适应力。

三　道家具有现代化的内在发展逻辑和趋向

如果道家没有参与现代化，未与现代化对接，没有实现现代化，它就是被束之高阁的失去生命力的传统而已，道家的智慧就不会在现代社会有所贡献。道家能够现代化，因为现代化是符合道家发展逻辑与趋向的。先秦道家在汉代发展成为黄老道家，为汉代的政治、民生做出贡献；魏晋时期玄学发展了老庄思想，参与政治清谈并引领了风流超迈的时代风气；在唐朝，成玄英以“双遣法”发展道家“玄之又玄”的要旨，与唐代佛教的思辨纯理相呼应；等等。道家在过往漫长的历史中，一直不断地“时代化”，随顺时代而为之，符合大道原理。以此推理，道家自然也具有现代化的发展逻辑和趋向，必然也必能在参与新时代文化建设的过程中实现现代化。

第二节　道家与市场经济

道家文化是市场经济的哲学基础之一。道家与市场经济的相应性使它具有现代化的可能性。同时，道家又具备克服市场经济弊端并对其进行超越的因素。

中国的商业资本在宋代已开始繁荣起来，彼时徽商、晋商等商群主体已经能够娴熟地运作国内外商品贸易。直到鸦片战争前期，中国靠出口茶、丝、农产品等形成贸易顺差，经济占到世界经济总量的17%，这说明以农耕文明为主要特征的中国传统社会并未阻滞经济的发展。而且，中国传统社会中的道家思想与商品经济、市场之间确有一定的关联性。我们透过道家与市场经济之间的相应性来探讨道学现代化的可能性，同时，从道家思想中汲取相应的理论资源来克服和超越市场经济的弊端。

一　道家思想是市场经济的哲学基础之一

（一）西方经济自由主义的道家渊源

西方经济自由主义是古典自由主义的经济部分，在资本主义世界长期发挥重要作用。它提倡发挥市场机制的作用，反对人为干涉经济，反对政府对经济的过度干预，但并不一概反对政府的作用。重农主义经济学家魁奈等认为社会的发展是受不以人的意志为转移的自然秩序支配的。亚当·斯密对经济自由思想做了进一步的发挥，认为在商品经济中，市场机制是“一只看不见的手”，具有自发调节功能；每个人都以追求自己的利益为目的，各人为追求自己利益所做的选择，自然而然地会使社会资源获得最优配置。可以说，“自由经济”思想贯穿着亚当·斯密经济学说的始终。20世纪30年代，凯恩斯国家干预主义取代了经济自由主义而占据统治地位。到了70年代，面对“滞胀”局面，凯恩斯主义束手无策，新的经济自由主义思潮在资本主义世界粉墨登场。它坚决反对政府过度干预市场，将生产资料私有制、交换和市场的自发运行、自由贸易等放置在前提位置。

经济自由主义对中国的现代化而言也是至关重要的。1978年实行改革开放以后，1984年提出发展有计划的商品经济；1992年提出发展社会主义市场经济；随后落实中国特色社会主义市场经济体制，正式将市场经济体制列为建设目标。在进行现代化理论和实践探索的过程中，东西方学者研究发现西方自由主义思想源于道家学说。重农学派经济学家魁奈将道家“无为”翻译为“自由放任”，这一思想对古典自由主义经济学家亚当·斯密的影响很大。1999年6月10日，香港《远东经济评论》总编迈克撰文《意义重大的思想》，认为西方自由主义源于《道德经》，这至少说明道家思想与自由经济是相通的。还有西方学者认为，许多西方的古典自由主义者十分推崇老子的思想，并将其视为人类共同的自由大传统的一个重要组成部分，甚至有英美古典自由主义者研究发现，老子的思想与自由主义思想不谋而合。

1. 道家“天之道，损有余而补不足”的“均衡共利”思想

道家主张“均富共利”，讲究互补、和谐、均衡，推崇“天之道，损有余而补不足”（《道德经》第七十七章），进而“有余以奉天下”[①]，并奉此为“尊道”和“积德”之举，认为公平、均衡的分配是以“人之道”法“天之道”，即效法自然规律的天道。这种均衡既不受外力作用，也不是人为造成的，而是自然而然的结果。

① 参阅陈鼓应：《老子今注今译》（第22章），商务印书馆2004年版，第65页。

道教思想中亦有“均富周贫”的均衡观点，“财物乃天地中和所有，以共养人也。此家但遇得人聚处，本非独给一人，其有不足者，悉当从中取也”（《太平经》第103篇）。此外，为了维护社会和谐，道教提倡在经济发展上要做到“周贫救急”，这样整个社会才能平衡发展，这也体现在道教反对贫富悬殊的财富分配制度上。它不仅要求“助君子周穷救急”，还提出平均分配钱财。道教的产权制度分为三层：一是社会财富由天地人共有；二是宫观财富实行公有；三是主张道士个人不积累财富，只需基本生存保障。对于第一层，《太平经》主张“太平均”，认为天地间的财物应该用来平均供养所有人，让人人都能分享财物，而不是大多数人的财物被少数人独占，这为社会公平和避免贫富差距过大提供了道教教义基础。总之，道教“均富”观认为治国的大政方针应以“均”为指导思想。在市场经济背景之下，尽管道教的“均贫富”教义已经不能适应当下的历史条件，但是可以为缩小贫富差距、避免社会不公等提供理论借鉴。

2. 西方“最大多数人的最大福利”的“帕累托最优”原则

与道家“均富”观点相类的西方观点，是关注“最大多数人的最大福利”的“帕累托最优”原则。它是19世纪末新古典经济学范畴的理论观点，是西方经济学在自由放任、国家不干预经济的政策背景下追求的理想境界的代名词，用来表示“最大多数人的最大福利”。它不仅被用来分析某一社会的生产效率，而且也用来分析该社会的分配状态是否公平、均衡。它主张通过均衡分配使最大多数人享受最大福利，与道家“损有余”以“补不足”的“天之道”相合。

由上可见，西方自由主义经济思想和道家学说有很多相通相合之处。比如，道家杨朱主张“利己以利他利世”与西方经济自由主义主张“利己”以推动经济发展相合，西方自由主义经济思想尊重市场规律“那只看不见的手”与道家提倡在市场规律面前要“无为”处事相合，西方自由主义经济思想提倡自生自发秩序原则与道家提倡道法自然、尊重原发的自然秩序相合，道家“天之道，损有余而补不足”与西方追求“最大多数人的最大福利”的“帕累托最优”相合，司马迁的善因论、“低流之水”与西方自由主义经济思想提倡的市场制度相合。可见，在东西方市场经济的大势之下，道家有很多理论资源可资借鉴。

（二）与西方经济自由主义思想相呼应的道家学说

道家与经济自由主义思想之间有诸多共鸣和相互呼应的方面，从老子的“道法自然”，到魁奈的“自然秩序哲学”，再到斯密的“看不见的手”，这中间有一条清晰可见的思想线索。

1. 人性之“自然”：道家“为我”与西方“利己”

亚当·斯密从人的“利己本性”出发推出“经济人”假设。经济学的第一个法则就是以“自利心”激发人的每一个动机。在竞争条件下，往往将追求个人私利的行为置于经济学的中心位置加以系统分析。客观地讲，“为我”是不得已而为之，是维护个体生存的正当权益，是人性之“自然”。在这一点上，西方经济自由主义与道家杨朱派思想暗合。道家典籍《庄子》

《列子》等涉及杨朱[①]学说。杨朱曰："古之人，损一毫利天下，不与也；悉天下奉一身，不取也。人人不损一毫，人人不利天下，天下治矣。"[②] 虽然孟子对杨朱学说极尽反对之能事，说"杨子取为我，拔一毛而利天下，不为也"[③]。但是真正的或合理的利己主义是为了保全自己的生命，保护自己的利益，追求自己的幸福，不会危害他人的幸福，从而在利己中自然地实现了"利他""利天下"。这与西方经济自由主义思想的"利己观"实质上是一致的。经济自由主义学说认为，人的本性是"利己"，"利己"是交换的原因，"利他"则是交换的结果。可见，西方经济自由主义思想和中国道家思想都注重人性之"自然"，而"为我"与"利己"恰是人的自然本性，二者对人性的洞悉相通。

2. 道家"无为"与西方"看不见的手"

首先，道家"无为"的内涵并不是什么都不做，并不是"不为"，而是合理作为、不妄为，最大限度地减少妄为的不良作用。用庄子的话说，就是"今予动吾天机，而不知其所以然"(《庄子·秋水》)，说明万事万物都是自然而然的。相对而言，亚当·斯密提出"看不见的手"的原理，认为市场是"看不见的手"，价格机制是市场上的"自我调节系统"，能够引领交易的进行，也能制止交易的发生，还能传递市场的信息变化。价格机制是一个自我调适系统，能够自动运转，看不见摸不着却能让

① 杨朱是先秦哲学家，战国时期魏国人，他的见解散见于《庄子》《孟子》《韩非子》《吕氏春秋》等。

② 《列子·杨朱》。

③ 《孟子·尽心上》。

人真实地感受到市场那只手。这就是以市场解决一切市场自己的问题，让市场回到市场本身。这种让市场放任自流的状态，是自然而然的“无为”境界、总体的自然秩序和个体的自由自主达成的统一。就连国家干预主义理论的鼻祖凯恩斯，在临终前撰写的一篇论文中，都在提醒现代的经济学家不应忘记古典经济学家发现的那只“看不见的手”，那是一股自然的力量，认为经济政策不可以取代市场规律的力量。只有顺其自然的“无为”，才能与市场规律那只“看不见的手”相合，才能推动经济及社会的发展。

其次，市场经济与中国传统的道家“自然”“无为”哲学息息相关，甚至可以说道家思想是市场经济的哲学基础之一。道家“无为而治”的经济思想和实践，比亚当·斯密在《国富论》中主张“自由放任”的经济理论，以及那些市场经济国家的实践要早若干年。无为原则是老子思想的根本所在，他主张“无为而无不为。取天下常以无事，及其有事，不足以取天下”（《道德经》第四十八章），即统治者的统治达到相对的“最少”，才是最好的统治，才是“不违反自然的行为”。政府遵从“自然”“无为”，能够使个人追求到幸福并实践美德。因为市场经济就是一台永动机，靠社会、市场自己调节能够最大限度地调动个体的积极性、能动性。政府的无为和市场的自我调节在最佳的结合点上运行起来，就是经济发展的最佳边际。

最后，市场经济反映道家追求的自然状态。在市场经济中，人们各司其职，在市场规律的指导之下，无论是完全独立的还是多元化的经济实体，均能在法律框架下自由、有序地运作，呈现一种自然状态。无论是从事农业生产的农民，还是从事工业、手工业及服务业的人们，都能在自己的本职范围内努力地进行脑力和体力劳动，既提高了自身的物质生活水平，又为社会创造了财富。显然，这种自然状态是富国利民的，而且市场的价格体系及其自动反馈机制也会利于这种自然状态的持续。

3. 道家“道法自然”与西方“自发社会秩序”原则

“道法自然”与经济自由主义之“自发社会秩序”的分析理路有相似之处。《道德经》言“功成事遂，百姓皆谓我自然”（《道德经》第十七章）。道家“法自然”的原理认为，自然的过程是自生、自长、自发展、自复制的过程，是万物的“自化”，坚持这一原理有利于处理人与人、人与自然、人与社会之间的关系。依照自发自生的秩序运行，人类社会就能和谐、有序、持续地发展。经济自由主义提出“自生自发秩序”的原则，被视为经济学的第一原则。20世纪中叶，当凯恩斯等国家干涉主义抬头时，英国经济学家、政治哲学家哈耶克提出了“自发的秩序”的概念，以捍卫自由经济的地位。而后，他在1988年出版《致命的自负》一书，提出了“人类合作的扩展秩序”（也称“扩张秩序”），将自发秩序理论推到了巅峰。哈耶克政治思想的核心是尊重集体行为中的所谓“自发秩序”，并在此基础上反对政府干预，重申个人自由。自发秩序原理是指对市场的控制是不必要的，因为市场自身能够产生一种自发的秩序——每个人都在“看不见的手”的引导下自发地实现个人利益的极大化。

关于道家思想和自发秩序理论的关系，哈耶克认为，道家“我无为而民自化，我好静而民自正，我无事而民自富”（《道德经》第五十七章）是自发秩序最好的经典描述。他所提出的“自发秩序”与道家的“无为而治”，虽然哲学理据不同，但在结果上却有许多一致性。然而，道家学说毕竟是生发于以农为本的中国古代社会，是当时社会的自生自发秩序及其规则的高度概括，而哈耶克是在“商品—市场经济”的历史背景下提出的自发秩序理论，主要就市场经济及其相应的社会秩序而言。可见，二者不仅在时代和历史背景上存在巨大差异，而且针对的经济指涉对象也完全不同，所以虽然二者的学说有相贯相通之处，可以互为借鉴，但仍要注意它们的区别。

4. 司马迁的道家经济思想与经济自由主义

首先，著名英格兰经济学家 L. 杨格（L. Young）在《太平洋经济评论》1996 年第一卷第 2 期上发表文章《市场之道：司马迁与看不见的手》，认为亚当·斯密的自由经济思想可能来源于司马迁在《史记·货殖列传》中提及的“低流之水”的市场机制。其中，司马迁将道家经济思想发扬光大，突出了先秦道家的个人本位思想，进而尖锐地提出人性问题，认为人们是“耳目欲极声色之好，口欲穷刍豢之味”，还说“天下熙熙，皆为利来。天下攘攘，皆为利往”。可见，“人们都是为了利而奔波忙碌，人的这种求富的本性，是人民从事各种活动的动力以及社会经济自发运转的动力”①。基于此，司马迁认为，“人各任其能，竭其力，以得所欲。故物贱之征贵，贵之征贱，各劝其业，乐其事，若水之趋下，日夜无休时，不召而自来，不求而民出之。

① 彭清深：“司马迁经济思想分析”，《青海民族学院学报》，1992 年第 4 期。

岂非道之所符，而自然之验邪?”这些观点既承继了道法自然的观点，又突破了老子清心寡欲、小国寡民的意识，使利己之心在顺遂自然的同时实现了利他之行，与亚当·斯密的自由经济思想不谋而合。

其次，司马迁的“善因论”经济思想也备受瞩目。司马谈在《论六家要旨》中提及先秦道家对待变革的态度是“圣人不朽，时变是守”，“与时迁移，应物变化”。不仅主张“因时为业”，还提倡“因物与合”。这为司马迁的“善因论”——“故善者因之，其次利导之，其次教诲之，其次整齐之，最下者与之争”做了铺垫。可见，他认为对待百姓，“因势利导”是上策，“教诲管理”是中策，“与民争利”是“最下”的政策。对于上策，他认为“因之”是“道之所符”，与道相合。“因之”还是“自然之验”，是唯一合乎自然的政策，是不用任何政令征召就能自然而然地实现的最好结果，所以是最好的经济政策。反之，司马迁认为违反经济规律的任何企图都不会有什么效力，必须顺应客观条件的发展趋势才行，从而印证了“道法自然”的道家原理。

最后，司马迁的经济思想对先秦道家而言也是一种突破。其一，司马迁反对先秦道家的无欲、寡欲论，认为人的欲望是天生的，应该尽量满足个人欲望，符合自然的行为应该是满足欲望而不是遏制欲望；其二，司马迁认为不应将人类的原始蒙昧状态看成是自然的，也不应当将追求进步、改善生活、发展经济看成是背离自然的，应该对“无为”与“任自然”有正确的理解；其三，先秦道家在经济方面所持的态度相对消极，老子将古代政治上的“小国寡民”，经济上的互相隔绝、完全自给自足，没有流通和交换的状态视为“至治之极”的理想。司马迁反对这些赞美“闭塞”“隔绝”“老死不相往来”的思想，反对将人们的经济生活拉回到崇古之人幻想的所谓黄金时代。他主张进化的历史观，要求全面发展农、虞、工、商各业，提倡富国、富民，这与西方自由主义经济思想是相合的。

二　道家能够克服市场经济中的道德局限

在现代社会，与人们物质生活水平的提高相伴随的，是人的道德水平的滑坡、精神领域的空虚，以及人际关系的淡漠等，不能把这些简单地归咎为市场制度和市场经济。因为市场制度本身是具有道德性的。

（一）市场制度本身具有道德性

市场制度自身具有道德性。市场从不试图去改变人的本性，但是却能使人的行为更符合“善”的要求。因为市场本身具有让个人和社会共赢的道德理性。市场经济是一种“自成体系”[①]，它在运行的过程中，为了达成体系内的平衡状态，既要调节各方的利益冲突以实现多方共赢，又要构建包括伦理在内的价值观以慰人心。

市场的逻辑是通过让别人获得幸福而使自己变得幸福。以自

① 约翰·韩纳枫：“中西伦理学交流的新领域：道德和市场经济的关系”，《哲学研究》，1997年第4期。

由市场和自由竞争为特征的市场制度，对人们“以自我为中心”的本性诉求予以尊重，“以自我为中心”是社会正常运转的合理生发点。人要生存和发展，就需要与他人合作，并得到他人的协助。那么，人类怎样才能“以自我为中心”又能与他人合作互助呢？或者说，自利的本性如何能够给他人带来好处而不是伤害呢？我们知道，趋利避害是人的本能，让自己生活幸福是个人的追求。实现自利与幸福需要两种途径，要么是使自己的幸福建立在他人的不幸福基础之上，用伤害别人的方式换来自己的利益；要么是通过让别人幸福使自己得到或变得幸福。后一种思维方式就是“市场的逻辑”，它尊重“以自我为中心”，却又以“利他”为绝对“手段”。换句话说，就是通过满足别人的需要来实现“自利”的动机，“利他”以“利己”。从这个角度来讲，市场制度本身是很讲伦理和道德的，它的运行规则要求利益和成就的获得是建立在为他人创造幸福、为社会创造福祉的基础之上的。通过给别人带来幸福，从而使自己得到或变得幸福，是最符合市场伦理和社会道德的。不仅如此，市场经济还可以将人的“利己”之心变成“利人”之行。司马迁认识到，农工商虞“各劝其业，乐其事”，分工合作，“各任其能，竭其力”，出力卖力，财富就像水从高处往低处流一样，不召自来，不求自出，“上则富国，下则富家”。

物质利益的满足是道德的基础。所谓“仓廪实而知礼节，衣食足而知荣辱”（《史记·管晏列传》），“礼生于有而废于无”（《史记·货殖列传》），即是明证。市场制度与道德伦理是相辅相成的统一体，道德在市场中得以实现。

（二）政府过度及错误干预下的市场制度出现道德瓶颈

“市场逻辑”的实现，需要靠自由市场和自由制度的建立，如果政府对市场干预得过深、过广甚至是错误干预的话，就失去了市场逻辑，就会引发道德沦丧等问题。所以，市场经济飞速发展的同时伴随信仰危机、道德滑坡等，这并不是市场自身出了问题，而恰恰是政府对自由市场进行了过多干预又不能做到合理掌控，甚至是错误干预导致的结果。

市场具有逐利性，但追求私利的步伐并不必然导致道德丧失。一个理性的制度应该保障这种追求个人私利的同时利他的行为。“自然”状态下的市场本身是道德的，但政府过度或错误干预下的市场却产生了道德局限。

真正的市场并不是像自由主义者哈耶克所提出的按照“自发秩序”原则创立起来的，而是通过政策和法律由政府依循理性建构起来的，政府参与、干涉下的市场在发展过程中出现了诸多道德问题，遇到了道德瓶颈。卡尔·波兰尼（Karl Polanyi）在1940年写的《大转变》中提到了一个重要的关键词叫“双向运动”。所谓“双向运动”，就是政府参与下的市场导致了社会不公及贫富差距、道德滑坡、诚信缺失等问题，社会自生自发地诉求社会正义来保护自己以抵制市场的侵蚀，形成一种反向运动来对峙市场，这个时候就需要对政府干预进行反思和改良。

为什么政府的过度或错误干预会导致市场的反向运动？这种反向运动又是怎样倒逼政府必须做出反思，从而减少或合理干预市场的呢？是什么样的逻辑增加了政府和市场之间的黏性，使政府“沾染”了市场特征后反而破坏市场规则，进而导致道德滑坡的呢？实际上，市场规则在一定程度上具有进攻性、传染性、侵蚀性，而且容易影响到其他领域，包括政治。市场不是“价值无涉”的，也不是人们想象中那样完全中性的，它不仅对自己的领域，对非市场领域亦有一定的侵蚀性。比如，市场和市场规范与政治和政治规范之间具有相互侵蚀性。一方面，政府官员按照市场逻辑运作仕途、权力寻租，扰乱自由竞争，是市场对政治领域进行侵蚀的表现；另一方面，政治和政治逻辑也对市场和市场规范进行了侵蚀，市场受政治干预，不利于自由竞争。比如，在信奉“市场必胜论”的国家，市场拥有的能量和权力在特定的历史时期被无限放大，它不再仅仅是有效、优化配置资源的机制，而是以自身为圆心向外辐射，形成庞大的“市场社会”，用市场的逻辑来替代公共生活、日常生活的逻辑。亲情关系、人际关系、邻里关系、公共生活等几乎全部按照市场逻辑来运行。尤其是政客、商人对市场逻辑的运用，可谓“淋漓尽致”，以至于权力寻租行为横行，自由市场的规则遭到破坏。总之，市场经济的交换逻辑被用于政治系统，形成权钱互易，在这样的逻辑支点下的政府干预具有强权性、非理性等特征，它破坏了市场经济合理的逻辑链条，使市场本应具有的道德本性被“肢解”，于是信仰危机和道德沦丧出现了，唯利是图凸显出来，致使市场的道德本性被遮蔽。

那么，如何解题呢？如何冲破道德瓶颈，为市场的良好运作环境做好保障呢？

（三）道家对市场道德缺失的弥补

政府过度或错误干预下的市场经济导致很多道德沦丧问题，如食品安全问题、诚信缺失等。道家和道教的一些思想资源有利于弥补市场道德的缺失。

1. 在商业活动中遵守诚信原则

诚信作为一种道德准则，是市场经济的重要基础。道家和道教中有很多关于诚信和虔敬的道德教化。实际上，对于假冒伪劣的商品、欺行霸市的商业行为，古今一也。对诚信原则的坚守是古今经济伦理的相通之处。《太上感应篇集注》中的一些注文体现出维护合理经济伦理的愿望："故与人贸易，秤不可轻，升不可小，轻出既不可，则重入亦不可，小出既不可，则大入亦不可。否则，冒太上之禁，失自心之平，雷火之诛，不旋踵而至矣。"即认为不可以升秤欺人，否则不仅内心有忏，也会招致外灾，缺斤少两的失诚行为会引来灾祸。在"以伪杂真"句下注曰："以假物作真物，如盐内掺沙、酒中掺水之类，此等事，获利固倍，损德亦多。德既受损，则灾祸至矣，亦复何利？"在市场经济的今天，各种假冒伪劣商品甚嚣尘上，全无诚信可言，道教认为这些获利行为不仅有损德行，而且会招引灾祸。尤其是贩卖假药致人命陨的行为，性质更加严重，会遭到冥冥中的报应："又世间最可恨者，货卖假药，误人更甚……曾见货卖假药，积利起家，自谓得计，不知冥冥之中暗藏其禄，或身多横祸，天火雷震，子孙非理破荡。盖缘赎药之人疾病急切，将钱告买，只望一服见效，却被假药误赚，反致损伤……人命最重，无辜被害，其痛何穷!”可见，道教往往以报应论来劝人行善、诚信经商。当前的商业伦理应当涉猎道教的劝善教化思想并有所借鉴。

从长远来看，商人在市场上若能持久致富，一定是靠诚实守信，而不是靠坑蒙拐骗。如司马迁所言，“廉吏久，久更富，廉贾归富”（《史记·货殖列传》）。在人天关系、人神关系、人与人的关系上，道教也强调诚而不欺。在人天关系上，清代道士傅金铨在《杯溪录·好奇》中倡言：“不欺，是我本心；不诈，是我天良。《书》曰：彰厥有常；吉哉!”[①] 将不欺不诈的诚信行为当成本心天良。他们认为“诚”和“不欺”上通“天之道”，这便为市场中的道德找到了形而上的超越性根据。在人神关系上，《吕祖宝忏》中说道：“我以诚格，不以财临。”这是说敬神在于诚，而不在于供品的丰盛，是就人神关系而言的“诚”；在人际关系上，同样要求讲诚信，《化胡经十二戒》中有“戒之勿欺诈，言当有成契。欺人为自欺，华词为负誓”[②] 的说法。

2. 在商业行为中奉行“重诺守义”精神

无论是老子主张的“言善信”（《道德经》第八章），还是庄子提出的“至信辟金”（《庄子·庚桑楚》），都凸显了信用意识。加之明清商人深受道教劝善书[③]的影响，在经商的同时逐渐向宗教的精神生活靠拢，在日常的经营行为中表现出了守信用、重信义的精神。劝善书以贴近生活的语言，以及百姓身边的例子

---

① 《藏外道书》（第12册），巴蜀书社1994年版，第17页。

② 《云笈七籤》（卷三九）。注：《云笈七籤》是北宋张君房领修的《大宋天宫宝藏》的辑要，俗称“小道藏”。

③ 劝善书作为中国道教后期伦理思想的产物，在明清时期大量产生并广为流传，如《太上感应篇图说》《照心宝鉴》《劝世归真》《除欲究本》《暗室灯》等。

传播传统道德规范。《石音夫醒迷功过格》之类的劝善经典以神仙理想为标准，批判和否定经营行为中的原始积累状况。《太上感应篇图说》提倡“义大于利”，认为“利”导致“乱”，如果过于计算利益，就会损害“义”和“理”。当前市场经济条件下，商人应当重视培养重诺守义的精神，那样会使商业经营更加得心应手。不仅如此，庄子以“贫贱不为富贵屈”的精神，追求强调真正的穷通之道不在福寿禄的层面上，而在道德层面，即“君子通于道之谓通，穷于道之谓穷”①。如上所言，道家的高蹈哲理不该束之高阁，其中可为当今借鉴者亦应“拿来”为现代化服务。

3. 在商业行为中坚持节俭节约的原则

道家提出节俭的经济观。节俭是老子的三件至宝之一。他说：“吾有三宝：一曰慈，二曰俭，三曰不敢为天下先。”（《道德经》第六十七章）又说：“慈故能勇；俭故能广。”（《道德经》第六十七章）节俭资源，既可以用“有余”“补不足”，又可以令人心满意足、安定祥和。道家还提出“平为富，有余为害者，物莫不然，而财其甚者也”② 的观点，即“财用有余而不知其所自来，饮食取足而不知其所从，此谓人之容”③，就是说财富太多反而有害，一味追求财富相当于受辱，难有真正的逍遥。

道教典籍也提出要节约利用资源。《老君说一百八十戒》第

① 《庄子·让王》。
② 《庄子·盗跖》。
③ 《庄子·天地》。

十四戒说“不得烧田野山林”，第四十七戒说“不得妄凿地毁山川”，这是讲要对自然环境加以保护，节约利用自然界的资源。在当前的市场经济条件下，以破坏和浪费自然资源为代价换取经济利益的行为应当予以制止，追求经济利益不能以破坏生态环境为代价，不能一味向大自然无度索取，应该爱护人与万物共生的大自然。不唯如此，《云笈七籤》卷三九引述说“修斋求道当奉十戒”，其中第二戒为：“守仁不煞，悯济群生，慈爱广教，润及一切。”这是希望以慈爱悲悯的情怀爱护自然界中的万物。

三　从道家中汲取养分，丰富对社会主义市场经济的认识

在社会主义市场经济体制下，市场在资源配置中起决定性作用。如前所述，道家与市场经济理据相合在改革开放时期已经得以证明。彼时以经济建设为中心，暗合了黄老道家无为自化的执政理念。在新时代，应该汲取道家学说的思想养分，在治国理政中合理、科学、适度地干预市场经济，正确引领市场经济的发展。

（一）从古人以道家“无为”理念治理经济的实践中获取经验

道家学说主张“无为而富”，即“我无为而民自化；我好静而民自正；我无事而民自富；我无欲而民自朴”（《道德经》第五十七章）。如果统治者能够无为而治，则民自富。在中国历史上，引入道家“无为”思想进行治国是有先例的。在王朝建立初

期，为了休养生息，统治者往往会使用道家思想治国，汉代的文景之治、唐朝的贞观之治和开元盛世都曾得益于道家的治国方略。但是，由于专制制度是封建社会的特性，与道家无为而治相悖，黄老道家思想不过是封建统治者短暂的救急之用，一旦国情好转，就会为儒家的意识形态所取代。汉武帝在“文景之治”之后“罢黜百家，独尊儒术”便是一例。汉代以后的道家思想在王朝干预经济的过程中，与先秦道家有所不同。西汉早期思想家陆贾提出“道莫大于无为”的思想。他倡导的“无为而治”，主张在有政府调控、官吏管理、法律治理的社会中，尽量减少对社会经济的干预，减少对人民的盘剥，使百姓能够休养生息、安居乐业。这种观点比重商主义和亚当·斯密主张自由放任的思想早若干年。汉代淮南王刘安组织编纂的《淮南鸿烈》一书，对先秦道家的“无为”思想进行了新诠释，指出道家的“无为”不是“无所作为”，而是因时因势、顺其自然地积极有为。他主张政府在经济领域应当“积极有为”，为民兴利、除害。也就是说，汉代道家已经发现对市场完全的自由放任和过度的政府干预都是不可取的，应该在二者之间确立一条合理的边界，这是值得社会主义市场经济借鉴的地方。

（二）从近代崇尚道家的思想家那里汲取思想养分

近代以来，中国内忧外患，为了救亡图存，有识之士在器物、制度、学术等领域为中华民族的复兴寻求出路。其中，严复、胡适等人在道家的学术大海里“捞金取银”，希冀从中得到思想珍宝解救时局、滋养时代。

严复是我国近代著名的自由主义者，他对道家思想十分推崇，认为道家思想提供了一些自由主义的本土资源。为此，他专门对老子的《道德经》进行了评点，说："夫黄、老之道，民主之国之所用也。故能'长而不宰'，'无为而无不为'；君主之国，未有能用黄、老者也。汉之黄老，貌袭而取之耳。君主之利器，其惟儒术乎！"[①] 他在多处提及，"故今日之治，莫贵乎崇尚自由。自由，则物各得其所自致，而天择之用存其最宜，太平之盛可不期而自至"[②]。他还对《庄子·应帝王》进行了评价，指出"凡可以听民自为自由者，应一切听其自为自由，而后过得各尽其天职，各自奋于义务"[③]。严复对道家自由理念的解读应为市场经济所取。

胡适是自由主义的温和派，他深谙中国传统文化，却主张全盘西化。他探赜《道德经》《淮南子》《史记》等中国古代典籍中的思想，用于思考近代政治和经济问题。在政治方面，通过研究《淮南子》，胡适提炼出"虚君的共和主义原则"和"众智众力的民治主义原则"，希望实现好人政府以约束专制统治。他曾经写作《无为而治和农村救济》《再论无为的政治》两篇文章，试图用道家思想给当时的"三农"问题开出一剂有效的药方。在经济方面，他赞赏司马迁所持的道家经济主义思想，批判各种干涉主义思想。在无为政治、自由经济方面，胡适的思想与市场经济有相合之处。

---

① 严复：《严复集》（第四册），中华书局 1986 年版，第 1079 页。
② 严复：《严复集》（第四册），中华书局 1986 年版，第 1082 页。
③ 严复：《严复集》（第四册），中华书局 1986 年版，第 1118 页。

总之，尽管时代变迁，古老的道家思想依然可以与现代市场经济相合，并在克服市场经济弊端、引领市场经济正确发展等方面有重要的借鉴意义。这也显示了以道家传统参与新时代文化建设的可能性。

第三节　道家与科学技术

“马克斯·韦伯把学术上由关注价值理性转向工具理性的变化，叫做‘理性化’的过程，并且看成是现代性的表征之一。”① 烙上了“现代性”标签的工具理性，作为一个关键性的概念影响着东西方社会，它关注的是效果最大化，无视人的情感和精神价值。启蒙精神和技术理性明明是“解放”的工具，却“转身”成为主宰人和自然的操控力量，导致“人为物役”的局面。这种现象不可避免地引起学术界和理论界的警惕。任何思想家都很难避免对技术的哲学反思，因为这种反思实际上恰是对人类未来的追求。

中国的道家有对技术进行哲学反思的丰富思想，这些宝贵的精神财富值得现代社会借鉴。道家反对工具理性，否定科技异化，但不是完全解构，而是有所建构，认为“以技合道”才是终极的价值目标，进而体现了工具理性和价值理性的统一。

道家思想对技术进行反思，将技术超拔为“道”以合乎人性和天性，对反思工具理性，为东西方世界文明的未来走向提供了

① 宋志明：《现代新儒学的走向》，北京师范大学出版社 2009 年版，第 48 页。

重要的思想借鉴。而道教和科学技术之间有着一种不自觉却又是事实的关联性，为中国科学技术的发展做出过较大贡献，证明了其与现代性的相关性。

一　对中国科学技术的贡献

在科学技术领域，道教有诸多独特的成就和贡献，在人类技术文明发展史上有着不可忽视的意义，对近现代技术的产生和发展产生了重大影响。恩格斯在《德国农民战争》中明确指出“一系列的发明都各有或多或少的重要意义，其中具有光辉的历史意义的，就是火药和印刷术的发明”①。中国四大发明中，火药、指南针、印刷术均与道教相关。自 20 世纪 30 年代之后，一种对道教的新看法慢慢浮现：它开始被看作中国本土科学的萌芽。世界著名科技史学家李约瑟高度评价中国道教对科学技术的贡献，认为“道教是中国科学技术的源头”②。他说世界上最早提到火药的是道教典籍《真元妙道要略》，书中记载“有以硫磺、雄黄、合硝石并蜜烧之，焰起，烧手面及烬屋舍者”。关于指南针和印刷术，道教早在南北朝时期就已运用雕刻技术来制作道书，《洞玄灵宝三洞奉道科戒营始》说，“一者金简刻文，二者银版篆字，三者平面镌书，四者木上作字”，道教对印刷术的发明推动了道经的传播。道教在冶炼技术领域也有重

① 《马克思恩格斯全集》（第七卷），人民出版社 1959 年版，第 386 页。

② 艾瑞克·霍布斯鲍姆：“戴弗里吉亚软帽的中国人：李约瑟”，载《断裂的年代：20 世纪的文化与社会》，林华译，中信出版社 2014 年版，第 178~179 页。

要贡献，譬如水法炼铜技术、混汞法炼制汞齐，铸镜、炼剑、铜镜抛光等都是道教对世界冶炼技术的贡献；道教在水泥（或是耐火材料）制造（指炼丹活动中常用的“六一泥”）、酿酒、颜料制造等技术方面也曾做出自己的独特贡献。在机械制造领域，南北朝时期的道教徒李兰发明的秤漏，唐代以前的中国漏刻计时技术中曾长期居于主要地位，唐以后亦曾长期作为漏刻计时设备中的重要组成部分而存在；古代道教徒还曾设想通过发明某种具有飞行功能的机械实现飞天梦；《列子》是世界上最早提及机器人的道教典籍。

当今世界科技史界对道教有所重视，因为它在对待自然物和人的态度及思维方式上表现出来一种天生所具有的科学精神、气质和品格。道教被科学界发现和重视是从《道藏》开始的。中国工业化学家陈国符翻译了《道藏》中的外丹黄白术文献，并发表了研究论文。此外，为道教正名做出最大贡献的是世界著名科技史学家李约瑟。他以深厚的自然科学知识储备及宽广的世界科技史视野，用长达半个世纪的岁月研读中国古代典籍文献，完成了《中国科学技术史》的写作。在 1951 年的一次演讲中，李约瑟说：“中国，确实一切科学技术的成长都和道家是分不开的；道家寻求长生不老的药物从而产生了炼丹术，其起源在中国比世界上任何地区为早，还产生了植物学和药物学；铸铁工人和盐矿工人最早发明了驮马的套具和深井钻探技术，而他们信奉的守护神都是属于道教的。”① 他的学术几乎涉猎《道藏》中所有外丹黄白术著作，

① 李约瑟：“孔子诞生 2500 年纪念”，载《四海之内：东方和西方的对话》，生活·读书·新知三联书店 1987 年版，第 106 页。

不仅比较完整地展示出道教在中国古代科技文明中无可比拟的地位，更重要的是，他认为道教的思维方式、对待自然的态度，从根本上来说与现代科学精神并行不悖，“对于中国的大部分科学思想都必须在道家中去寻根穷底……说道家（教）思想是宗教的和诗意的，诚然不错；但它至少也同样强烈地是……科学的、民主的”①。下面我们就来看看道教对物理学和化学所做的贡献。

（一）道教对物理学的贡献

《道藏》中有些道经用比较多的篇幅来讨论专门的物理问题，如《化书》《盘天经》。前者偏向于陈述某些物理规律，并以之作为人生之道的论证依据；后者主要谈论气象预测，涉及观测天文现象等。

就具体的物理学知识而言，道经典籍更是不胜枚举。杜道坚在《通玄真经赞义》卷八之“自然篇”中说，“往古来今谓之宙，四方上下谓之宇”②，这是对时空统一性问题的诠释；高守元在所辑之《冲虚至德真经四解》卷十一中说，“夫物之所以断绝者，必有不均之处。处处皆均，则不可断。故发虽细，而得秤重物者，势至均故也”③，这是对“发引千钧”的力学现象进行解释；《淮南鸿烈解》卷一之“原道训上”说，“两木相摩而然，

---

① 李约瑟：《中国科学技术史》（第二卷），科学出版社 1990 年版，第 63、37 页。

② 《道藏》（第 16 册），文物出版社、上海书店、天津古籍出版社 1988 年版，第 795 页。

③ 《道藏》（第 15 册），文物出版社、上海书店、天津古籍出版社 1988 年版，第 90 页。

金火相守而流。员者常转，窾者主浮，自然之势也”[①]，这是对摩擦生热和浮力现象进行解释；《刘子》卷九之“类感第十五”，“方以类聚，物以群分。声以同应，气以异乖。其类苟聚，虽远不离。其群苟分，虽近未合”[②]，这是用物质同类感应原理对某些超距作用现象做出解释；《古文龙虎经注疏》卷之“磁石吸铁章第三十二”载有磁石吸铁现象，并用同类相感原理解释此类现象，“磁石吸铁，隔碍潜通者，磁石之力全者，可引数片之铁于器物之外，此物类相感者也”[③]；西汉黄老道家学派之代表作《淮南子》是《道藏》中所收录的较早涉及“阳燧”取火、“方诸为水”的光学物理现象，“物类相动，本标相应。故阳燧见日则燃而为火；方诸见月则津而为水”[④]；《南华真经》卷五之《杂篇·徐无鬼》对“共鸣现象”进行解释，“于是为之调瑟，废一于堂，废一于室，鼓宫宫动，鼓角角动，音律同矣。夫或改调一弦于五音，无当也。鼓之二十五弦皆动，未始异于声而音之君已”[⑤]。此外，《道藏》在热学、气候学、测量和计时技术方面也有诸多史料记载。

（二）道教对化学的贡献

冯友兰认为，作为近代化学源头的炼丹术最早在中国出现，乃是“想长生不老的道家”（指的显然是道教）的成就，“虽然

① 《道藏》（第28册），文物出版社、上海书店、天津古籍出版社1988年版，第4页。

② 《道藏》（第21册），文物出版社、上海书店、天津古籍出版社1988年版，第777页。

③ 《道藏》（第20册），文物出版社、上海书店、天津古籍出版社1988年版，第54页。

④ 《道藏》（第28册），文物出版社、上海书店、天津古籍出版社1988年版，第18页。

⑤ 《道藏》（第11册），文物出版社、上海书店、天津古籍出版社1988年版，第612~613页。

他们用药物和黄金达到长生不老的思想本身在我们今天看来是错的，然而他们发展了化学技术和处理物质的方法，因而可称为近代化学之父”①。

李约瑟在抗战期间来到中国，感叹道：“这（指《道藏》）真是令人眼花缭乱的绝对金矿！不仅是中国，而且也是世界文化的瑰宝。其他国家的化学专家完全不知道这一经典。”② 道教之所以被今人看作世界上唯一不反对科学，且与现代科学在精神品格具有天然相似性的宗教，与《道藏》中含有大量化学思想（道门中人称之为“外丹黄白之术”）的史料是分不开的。其中，陈国符先生的学术贡献功不可没，他写作的《中国外丹黄白法考》包括《金液还丹百问诀》《太清金液神丹经》《灵宝众真丹诀》《神仙服饵丹石行药法》等，还考明了四十余种丹经丹诀的出世朝代，是研究《道藏》中的外丹黄白之法的重要文献。

道教外丹丹诀涉及化学知识。张果《玉洞大神丹砂真要诀》之“抽汞诀”言，“先取铁鼎上下安盐固济，炉上开一孔子，引内气出。即用木柴火烧之，三日一收汞，出未尽，更飞之。抽汞此为妙矣”③，这是“飞火法制汞”；《抱朴子内篇》卷十六之“黄白”言，“凝银为金，可中钉也”。《铜柱经》曰：“丹砂可为金，河车可作银，立则可成，成则为真。子得

① 李约瑟：“中国和西方的科学和农业”，载李约瑟、李大斐编著：《李约瑟游记》，余廷明等译，贵州人民出版社 1999 年版，第 268 页。

② 李约瑟：《中国科学技术史》（第二卷），科学出版社 1990 年版，第 67、179 页。

③ 《道藏》（第 19 册），文物出版社、上海书店、天津古籍出版社 1988 年版，第 41 页。

其道，可以仙身”①，这是将锡、铅、丹砂诸金属药物点化成为贵金属；《张真人金石灵砂论》之“释还丹篇”提及通过“还丹”过程把贱金属变成高价值的紫金；陈少微《大洞炼真宝经修伏灵砂妙诀》之“序”中涉及定量化学反应的思想和丹药之纯度对丹药炼制的影响等；张果《玉洞大神丹砂真要诀》之“丹砂阴阳伏制及火候飞伏诀”中涉及丹药炼制的实验操作，之“辨诸石药诀”对各种矿物的化学性质、功能与其出产地之间的关系有初步的认识，之“辨紫灵砂诀”提及在炼制丹药时，让药物充分接触可使化学反应更充分；《抱朴子内篇》卷十六论及“制作雄黄水法”的化学工艺。《云笈七籤》卷七十一之“金丹·素真用雄黄要法”“金丹·素真用铁法”“金丹·造冈砂法”“金丹·造梅浆法”等史料中包含数种化学工艺思想，“金丹·造珍珠法”“金丹·造白玉法”言及人造白玉、珍珠、石碌、石黛的化学工艺，还提到炼矾石伏汞法；《轩辕黄帝水经药法》《三十六法》是考察道门中人是否掌握化学溶解（尤其是运用某些酸性溶液溶解金石矿物）思想最重要的史料之一。

此外，“六一泥”被涂抹于丹鼎器皿之结合部，起密封和控制温度的作用。阴长生《太清金液神丹经》卷上、《云笈七签》卷七十一之“金丹·造六一泥法”都提到了六一泥的制作方法，这是原始水泥的制作工艺；《灵宝众真丹诀》之“几公白法”提

① 《道藏》（第28册），文物出版社、上海书店、天津古籍出版社1988年版，第233页。

及与冶炼技术相关的失蜡法；《神仙炼丹点铸三元宝照法》之“金鼎养丹法”论及铸炼丹鼎器皿的制度及注意事项；《图经衍义本草》卷四论及冶炼技术中的灌钢与炒钢技术；《三品颐神保命神丹法》之“造胤丹法第二”中提到了灌钢法；《淮南鸿烈解》卷三之“俶真训上”提及染色技术，“今以涅染缁则黑于涅（矾石），以蓝染青则青于蓝”[①]；《上清明鉴要经》之“仙人神酒方第四”中有制作酵母，用勾兑法造酒的思想史料；等等。此外，《道藏》还涉及医学、药物学、农学、数学等知识与思想，对中国古代科技知识做了较翔实的记录。

总之，从文献记载可知，道教在历史上确实与中国的科学技术相关联，无论在物理学领域还是化学领域，道教都以先行实践者的身份去探索大自然的奥秘，探求物质的相关属性，并在实践中发明技术以达到自己的预设目标，同步推进了中国古代科技的发展。尽管它并不是出于推动科技进步的目的而去从事各种技术实践的，它的宗旨始终是“长生久视，羽化登仙”，只是借助技术实现这样的理想目标而已。

马克思主义诞生于工业文明兴起和科学技术飞速发展的时代，高度重视科学技术的发展，把科学技术的不断进步作为人类历史发展和社会进步的重要推动力量。一方面强调科学技术在人类社会发展和文明进步中的重要地位，另一方面坚信人类在认识世界和改变世界的理论和实践中要遵守科学精神和理性精神。恩格斯说，“资本在日益增加，劳动力在随着人口的增长而增长，

① 《道藏》（第28册），文物出版社、上海书店、天津古籍出版社1988年版，第13页。

科学又日益使自然力服从于人类。这种无穷无尽的生产能力一旦被自觉地用来为大众造福，人类所肩负的劳动就会很快地减少到最低限度”①。

但是，技术给人带来的异化却使“人作为人能够成为人”遇到障碍，也就是说，技术带来的便捷与先进并未给人带来心灵的安宁与淡然，却使人心浮躁、汲汲于名利。道家对工具理性及技术异化做出的反思与解构，值得借鉴。

二　对工具理性及技术异化做出反思

（一）“绝巧弃利”：老子对技术异化持否定态度

道家是较早注意到技术异化问题的思想流派。先秦道家提倡“道法自然”的哲学理念和“无为而治”的政治主张，与其对技术发明持否定态度的认识具有一致性，认为技术戕害事物的自然本性，使人产生取巧心理，从而破坏人的天性。老子主张“绝巧弃利”，即绝弃技术发明上的“巧”与应用上的“利”。我国古代评价工匠技术活动时使用“巧”和“利”的概念。古代工匠是制作劳动器械的技术人员，往往用“巧”与“拙”来评价他们技术水平的高低，用“功”与“利”来评价他们发明制作的劳动器械的应用效果。在老子小国寡民的构想蓝图里，“使民有什伯之器而不用”，“使民复结绳而用之”就是老子“绝巧弃利”思想的呈现。他认为巧利与仁义、圣智一样都是巧饰，如果恢复

① 《马克思恩格斯全集》（第一卷），人民出版社 1956 年版，第 616 页。

人的纯洁本性，减少私心欲求，摒弃虚饰的仁义，抛弃巧诈与欲利，那么就没有盗贼，人心也会归于安宁，太平世界就会出现。摒弃工匠技术，人们就无“巧”可用，无“利”可争，可保人性纯然。庄子摒弃机械技术的使用以防止人们产生机巧心理的观点与此有相似性。《庄子》中讲述孔子的弟子子贡南游于楚，建议用陶罐取水浇田的老人使用新机械劳动，则用力寡而见功多，老人听后“忿然作色而笑曰：‘吾闻之吾师，有机械者必有机事，有机事者必有机心。机心存于胸中则纯白不备。纯白不备则神生不定。神生不定者，道之所不载也。吾非不知，羞而不为也’。”(《庄子·天地篇》)浇田老人所言所为是道家的态度，认为使用机械技术会使人产生投机取巧的心理，使人丧失纯朴的天性。其实，老庄既反对人们与技术发生关系时产生机巧的心理，同时更加反对技术对人的异化。

先秦时期，老庄为防止人心被异化而反对和否定的技术主要是机械技术。两千多年后的今天已经是工业 4.0 时代，人们与之发生关系的科学技术比先秦时期的机械技术要复杂且高端得多。机械技术是古代社会的人们为了事半功倍地获利而发明的，高科技是现代社会的人们在“工具理性”和“科学至上”理念的指引下征服自然大肆创造生产力的结果。网络科技和通信行业已经飞速发展到一定程度，为人类提供了前所未有的便捷服务，人们享受着高科技带来的新奇、美好、便捷，被高科技完全“宠溺”。人们在享受高科技服务的同时，对其产生了强烈的依赖感，这时，看似被宠溺的人们恰恰成了自身即为工具的高科技的工具，人被科学技术高度异化。庄子曾说“不为物役”，“物物而不物于物”，就是为了获得身心的自由、自在和逍遥，不要被心外之物所役使，这是对技术异化的反抗和超越。对现代化的今天，这是一个非常值得借鉴的思想，如其所是，人们就既能享受到高科技带来的好处，又能摆脱高科技带来的异化，获得自由和自在。

（二）庄子认为技术创造应以自然的“造化”取代人为的“智巧”

工匠技术活动不仅危害了人的纯朴天性，也是对事物自然本性的残害。《庄子·马蹄篇》集中表达了这种思想——“夫残朴以为器，工匠之罪也！”《庄子》中有多篇论及人类不要过分追求不属于自然本分的东西，顺其自然最好。《庄子·骈拇篇》认为，过分追求明，会搅乱五色、迷滥文彩；过分追求聪，会搅乱五音、混淆六律，这些都是不可取的，是“皆多骈旁枝之道，非天下之至正也”。道家提的“至正”之道，是指顺应事物的自然本性，不要人为地加以改变；认为物体的曲直、方圆等都是由其自然本性决定的，人为地改变事物的自然状态就是破坏其本性天性，是违背自然之道的。《列子·说符篇》记载拥有巧技的宋人用玉石做成的楮叶可以乱真，但列子不欣赏这种人为的“智巧”，而是提倡自然的“道化”。《列子·汤问篇》讲述了巧匠偃师制造机器人的故事，战国时期著名的能工巧匠鲁班和墨子听到偃师制作机器人之“巧”后，“终身不敢语艺，而时执规矩”，实质上是要说明工匠的技术再巧也无法“与造化者同功”，再次显示道家对枉用机械技术的排斥。以自然的“造化”超越人为的

"智巧"，否定的实际上不是"机""巧"本身，而是技术的异化及其给人带来的负面效应。道家提倡的这种生存智慧，对于物质文明高度发达的现代社会尤其具有启发性。对于高科技，我们并非要完全摒弃，而是要理智地加以对待，要历史地、具体地、辩证地看待，既要保留、创新它对我们有利的方面，又要辩证地摒弃它异化的方面，做到"物物而不物于物"，从而使人自身获得身心的自由、自在；使人与人的关系和谐顺畅；在人与自然的关系上不再为自然立法，不再宣称人能征服自然，而是对自然产生敬畏，让高科技合于自然、合于道。因此，人类在前进的道路上应当时时审视已有的科技成果的合理性，此即道家技术观给予我们的启示。

三　"以技载道""以技合道"——技术活动的最高境界

庄子并未一味地否定技术，而是做了升华和超越。他主张"以技进道"，也就是人们精熟地掌握了高超技术之后，要善用之，以技合于道，这样不仅可以抚平人心的浮躁，还可以因为合道而使人心清朗自在。庄子认为，技术活动的最高境界是达"道"，应该以"技""道"的逻辑一致性来实现人性追求。因为使用技术器械，会使人因机事而产生机心，进而心神不定，道之不载；而且，对"技"的依赖会使人失落内心的灵性，心为物役，与"抱合天道"相违。加之，如果"技术"与"道"不相容，只是简单地追求眼前的目标，就无法实现"道"的真正目的，人与物的本性也会受到损害。从上面的论述可以看出，道家对技术的批评不是针对技术本身，而是指向“机心”层面，认为技术会导致人产生“机心”，有了“机心”就违背了“道”，违背了“道”就伤害了人和物。庄子拒绝这样的“技”。那么，什么样的“技”才是庄子真正认同和由衷赞赏的呢？他认为“道技一体”的“技”才是应该推崇的“技”，只有载“道”之“技”才能让人以“道”的方式生存，比如“庖丁解牛”，庖丁以娴熟的解牛“技法”演绎养生之“道”，从而真正理解人的存在意义，既获得逍遥自由，又享受审美境界。

西方后现代主义思潮认为，人生的终极价值和活着的意义不是现代科技关注的，现实的物质利益才是它的关切点；不仅在生活世界，就是在科技世界中，人也几乎没有主体地位。所以，要摆脱机械的、二元论的技术观，为技术理性打造新的文化地基，引导“价值”和“意义”入驻科技世界，这与道家“不为物役”“以道观物”的观点相通。

（一）“以技载道”——持“技”者与对象物我两忘，以“内养己身”

“以技载道”主要谈的是持“技”者，即操控技术、实践技术的人，而并不主要谈技术本身。庄子认为，真正掌握高超技术的人，如庖丁，以娴熟的技艺超越物我，与“牛”这一对象“以神遇”，“与道合”，最终达到“合于桑林之舞”的境界。目的不在技，而在于“内养己身”，“缘督以为经”，可以尽年，可以养亲。这是道家天人合一、物我两忘的非对象性思维方式，如同庄周梦蝶的境界一样，都是在专注于自己和技艺

“对象”的同时忘记自己与对象，达到道器技艺的同一。由技艺所达到的玄妙境界与“生”相关，使有限的生命通过技艺而现实地形成无限超越。这种看似“从技艺着眼”，实则言说生命之道的独特哲学，西方人闻所未闻，尤其是中国人立象以尽意，非此非彼又即此即彼的表达方式，完全不同于西方逻各斯传统，却又熨帖服人。对于现代人而言，我们应该在庄子的启发之下，驾驭高科技的同时颐养己身。如果因过于依赖高科技而成为高科技的工具，将伤身损神，与庄子的“生”之观念相悖，按照道家的观点——“生者，道也”——便是与“道”相悖，当不为也。

（二）“以技合道”——能更好地处理人与自然的关系

《庄子》在寓言故事中描述了庖丁、梓庆、工倕、轮扁等能工巧匠，他们身怀绝技进入“道”的境界，这种“道”依乎“理”，顺乎“自然”，正如王弼在《老子》注释中所说，“法自然者，在方而法方，在圆而法圆，于自然无所违也”。技术发明的目的就是要依托自然界的既有物质，创造出满足人类需要的新物质，在这个意义上，任何技术成果都有违背自然的一面。如果全方位守护自然，不使之损失纤毫，技术成果的面世几乎不可能。所以我们既要“法自然”，又要运用技术成果为人类提供便利服务。如何才能实现“两全”呢？那就应当“以技合道”，发明顺应自然规律的技术，既满足人们的生产生活需要，又将对自然的折损程度降到最低，比如，环境友好型技术就符合这样的双重需要。

第四节　道家与民主、民本

道家学说和道教教义包含着丰富的民主、民本思想，在民意、民生等方面与民主思想有相通之处。

一　古代民本与近代民主相遇

中国传统文化中的民本思想在各家各派的文献典籍中多有记载，虽然没有发展成比较系统的、制度性的东西，却在中华文明的历史长河中留下了深深的印痕。古代民本思想表达了对于政权和君主而言人民的重要性，反映的是封建社会中以君主为代表的国家政权要想长治久安，应以民为本。如此鲜明的“重民性”的思想，不但强调对民意的尊重，又将民本思想的外延拓展到民权思想，进而与西方民主有相似相通之处。

古代民本主义有一个形成和发展的过程。各个时代的代表人物对它的理解和表述都不尽相同，主要包括如下几方面含义：一是在百姓和国家关系上，“民惟邦本”（《尚书·五子之歌》），即人民是国家之根本，是君民统一体中的根本。“闻之于政也，民无不为本也。国以为本，君以为本，吏以为本。故国以民为安危，君以民为威侮，吏以民为贵贱，此之谓民无不为本也。”①二是在百姓和君主的地位作用上，“民为贵，社稷次之，君为轻”

① （汉）贾谊：《贾谊新书》，上海古籍出版社 1989 年版，第 63 页。

(《孟子・尽心下》)，明确了百姓的民权在封建君主的皇权之上。而且君民关系是舟与水的关系，君为舟，民为水，水既可以载舟也可以覆舟。三是在民心向背与天命所向的关系上，二者是一致的，即“得民心者得天下”，“得乎丘民而为天子”(《孟子・尽心下》)，所以要“敬德保民”，“以德配天”。“皇天无亲，惟德是辅。民心无常，惟惠之怀”(《尚书・蔡仲之命》)，要取得民心，就要施行德政，只有敬德保民，才能配天受命。实际上，施行仁义、敬德保民是欲取先予，其目的是通过“贵民”来“隆君”。君主只有实行德治，人民的生活才能得到基本的满足，安居乐业才能实现。也只有实行德治，君主才易于治理人民，人民也才愿意接受君主的统治。同时，国家安宁了，天下太平了，君主的威德自然也就巩固了。

反映西方近现代国家的权力建构和运作方式的是“民主”机制，即在一定的阶级范围内，按照平等和“少数服从多数”的原则来共同管理国家事务的国家制度，其核心是尊重多数人的意志，反对独裁和专制。民主的基本要义至少应当包括：①人权平等。人的基本权利是平等的，且不容剥夺。人身自由和人格尊严不受侵犯，不允许有人身依附关系。②主权在民。国家的一切权力属于人民，国家权力的源头在人民那里。人民有参与管理国家社会事务的权利。③治权民授。国家的各级领导人由人民选举产生，国家各级领导人和管理者的权力是人民赋予的，他们是人民的公仆，必须忠于职守，为人民效力。人民对各级政府官员有监督的权利。④依法治国。国家的各种政治实践，如决策、行政、监督等都要在法律框架内进行。

民本与民主是反映政治统一体双方地位和作用的关系的范畴。前者反映了我国封建社会君权和民权之间的关系，为了稳固并保障君权长存，需要“以民为本”作为策略；后者反映了近现代社会按多数人意志而不是极少数人独裁的方式建构和运作国家权力，即“民主”的机制、原则。前者揭示的是君民这个政治统一体的矛盾双方就其地位和作用而言何者是根本的问题，为封建国家的当权者提供通过开明专制驾驭民众的有效政治策略[①]；后者则回答了在国家中当权者和人民之间谁是主人的问题，是现代国家和社会运行的基本制度，既是民众平等、自由等基本权利的体现和保障，也是社会法制化的基础和表现。

明末清初的思想家们——以黄宗羲、唐甄为代表——提出“新民本”思想，直接继承了中华元典《尚书》《左传》《论语》《孟子》《老子》《墨子》中提出的“重民”“爱民”“养民”“同民”“从民”等民本思想，成为古代民本与近代民主之间天然的嫁接砧木。在近代思想家中，试图将中国民本思想与西方民主进行良性对接的代表人物当推严复。严复为了打通中西，为中国寻求与西方近代文化相契合的某些普遍价值和共同因素，进而探索富国强民之路，以西学为坐标研究诸子学，从中国传统中探赜道家哲学，使其与西方民主思想“对弈”以求同。严复于1903年和1916年分别撰写了《老子评点》及《庄子评点》，致力于将中西文化融为一体，在西学东渐的背景下解读中国道家的经典作品，比对西方的民主及进化论思想，努力揭示道家哲学与现代思

① 艾新强：“莫将民本当民主”，《宁夏党校学报》，1999年第10期。

想的相似关联性、紧密相通性以及亲和之处。严氏的用意是“亮”出民主在中国“古已有之”的根据，而道家是先秦诸子之学中最重视民本的学派。比如，他在评点《老子》第五十七章“以正治国，以奇用兵，以无事取天下”时说：“取天下者，民主之政也。”① 而对《老子》第三十九章“贵以贱为本，高以下为基”，他又评点道：“以贱为本，以下为基，亦民主之说也。”② 正如严复挑拣道家精华并努力将其与西方的进化、民主等理念相比附，从而激发国人不断向上的进取精神以挽救民族危亡一样，我们从古老的道家思想中发现其与现代性相应的方面，同样可以增加我们的自信心，以更好地参与新时代中国特色社会主义现代化建设。

二　道家思想中的民主精神

“万物将自化”（《道德经》第三十七章），即万物按照事物本身的发展规律而自然变化，意味着每个人都是独立自主的价值主体。而民主的基本含义是让民众当家作主。在有“道”的社会，民众要“作”的是自身之主。一方面，在私人领域，任何人都无权干预他人自由的价值选择，在自己的天地里，人们拥有完全自主的自由；另一方面，在公共领域，需要以人人平等参与的民主机制来保障人们的自主自由。可见，为个人提供自由选择的空间，正是民主的吸引力。而道家的“自为”“自化”“自朴”

① 严复：《严复集》（第四册），中华书局 1986 年版，第 1097 页。
② 严复：《严复集》（第四册），中华书局 1986 年版，第 1092 页。

“自正”等思想观念表达和反映的，正是对“自由”进而对“民主”的追求和推崇。

在道家眼中，上述自由至少体现为一种心灵需要，一种对民主精神的渴求。《道德经》内含的民主精神非常贴近民主思想。其中以“百姓心为心”便是道家民主思想的集中体现。老子思想的可贵之处在于超越封建政治制度的既有框架，构建了以“民心”为本的治理之“道”。以“民心”为政权的根基，“道”才不会是无本之木，无源之水，因为能够令“民心”满意的治理之道才是真正的“道”。从公共管理上来看， “民心”代表了“道”。“道”在天下百姓“心”中，而圣人或领导者的作用就是生成“民心公意”。如果违背了“以百姓心为心的原则”，就是“有为”的无道行为，必将受到“法”的制裁，即“吾将镇之以无名之朴”（《道德经》第三十七章），限制当权者的权力，令“为者败之，执者失之”（《道德经》第二十九章）。对于普通人则“而为奇者，吾得执而杀之”（《道德经》第七十四章），从而“使夫智者不敢为也”（《道德经》第三章）。所以，任何人都不能以个人意志强加于他人。“道”要转化为具体的治理法则，必须通过“以百姓心为心”来实现，而圣人的价值则在于整合百姓意志形成公共意志，是为这种意志服务的、与道相合的契约代理人。据此治理天下，即为民主政治，这是一幅十分具象的中国古代民主精神图像。

此外，“无为之治”也体现了道家的民主精神，是老子关于国家治理思想的核心，“以道莅天下”（《道德经》第六十章）就是无为而治，让每个人回归自我而不争，不受他人以及任何权力的干预，这充分体现了自由意识与个人本位的民主思想。它的实施在于充分授权，于是就有了“自治”。“小国寡民”反映的正是“自治”的观念。

三 道家思想中“民本”的内涵

（一）道家的民本思想

道家的民主精神是以民本为内容的。“故贵以贱为本，高以下为基”（《道德经》第三十九章），所以主张以“柔下之心”待民，以“自然无为”安民。此外还要求圣人“处上而民不重，处前而民不害”（《道德经》第六十六章），不压制民心，也不与民争利。圣人只有以民为本，才能践履“深根固蒂，长生久视之道”（《道德经》第五十九章）。道家思想中的民本内涵涉及人的生存权、民众自由、社会均衡发展等问题。

首先，关于人的生存权问题。在抵制战争、保全百姓生命、维护人的生存权方面，道家提出了兵者不祥、和者为上的理念。道家认为战争不祥，“兵者，不祥之器，非君子之器”（《道德经》第三十一章），而且“胜而不美，而美之者，是谓乐杀人，夫乐杀人者，则不可以得志于天下矣”（《道德经》第三十一章）。战争给民众带来灾难，不到万不得已绝不能诉诸武力；更不应以战胜为功，因为无论哪一方胜利，死伤的都是普通的士兵，成为权力斗争牺牲品的都是无辜的百姓。

其次，关于民众自由发展的问题。道家主张“我无为，而民自化”（《道德经》第五十七章），“我无事，而民自富”（《道德经》第五十七章），希望代表公共意志的权力拥有者能够无为无事，那样百姓才能获得自由发展，才能自化、自富。“道常无为而无不为，侯王若能守之，万物将自化，化而欲作，吾将镇之以无名之朴。”“无名之朴”即道之法则，它具有“天地不仁”，“天道无亲，常与善人”（《道德经》第七十九章）的平等属性，以“天网恢恢，疏而不漏”（《道德经》第七十三章）的“公正无私”“镇”住“化而欲作”者，以保障无为、自化。有道的圣人无为而无不为，让民众自由发展，“功成事遂身退”，“百姓皆谓我自然”。

最后，关于社会均衡发展的问题。社会的均衡发展是对百姓权利的基本保障。针对“民之饥，以其上食税之多，是以饥；民之难治，以其上之有为，是以难治；民之轻死，以其上求生之厚，是以轻死”这些财富、权力与生命权利方面“损不足以奉有余”（《道德经》第七十七章）的社会问题，道家给出的解决之道是：第一，让权力有“道”，因为“孰能有余以奉天下？唯有道者”（《道德经》第七十七章），权力有“道”才能从根本上解决社会失衡问题；第二，“天地不仁，以万物为刍狗；圣人不仁，以百姓为刍狗”（《道德经》第五章），不让权力有所偏爱，平等对待百姓，可以消除人为的资源分布失衡问题；第三，“不尚贤，使民不争；不贵难得之货，使民不为盗；不现可欲，使民心不乱”（《道德经》第三章），当权者不抛出名利、财物、欲望的诱惑，则可以化解人与人之间阴谋投机的名利争夺，也可以消除民盗，还可以令人心淡然少欲。

（二）道教中的民本思想

“民为国本”“立君为民”“政在养民”等都是道教教义中宣扬的民本思想。在中国古代，从儒家经典、官修正史、诸子之书、百家之言到稗官野史、笔记小说、诗词歌赋、通俗话本，只要涉及社会理想、治乱兴亡、治国之道、君臣关系、官箴臣轨、民生疾苦等，几乎都与民本思想发生关联①，而道教典籍中的民本思想尤盛。《道德经》《南华真经》《通玄真经》等内含丰富的民本思想；北宋真宗时期张君房编辑《云笈七籤》，其中有很多与民本思想相关的材料；《老君太上虚无自然本起经》认为“有君臣而无民”，不能担当治民的官吏；《杂修摄·禁忌》把人“身”比作“国”，把“神”比作“君”，把“精”比作“臣”，把“气”比作“民”，认为“重民”与“重君”同等重要；葛洪《抱朴子》中有“立君为民”的思想；成玄英《庄子疏》中有“民为邦本”的思想；等等。

我们以早期道教典籍《太平经》为例，探讨道教中的民本思想。此书融合了先秦诸子百家中儒、墨、道等学派，汲取了其中的民本理念，扎根于中国社会的深层土壤，带着对黎民百姓的悲悯之情，提出了系统的重民政策以及“以民为本”的主张。具体体现为君、臣、民三相须，即在治国理政中，三方都要考虑到，不能只以君主一方的权力作为考量点而忽视臣民的权利与诉求，而且一定要限制君主权力，防止其奢靡浪费、物欲横流；倡导朴

① 张分田：“中国古代民本思想大众化的主要途径”，《山东科技大学学报（社会科学版）》，2006年第12期。

素的民主观念，比如，广开言路，倾听百姓声音；主张在物质分配上实行平均主义原则；重德行、轻刑罚；注意善待妇女；等等。这令我们从中体味到“民本”的“人情味儿”。汉魏时期普通民众的政治观念深受其影响。

1. 广开言路的朴素民主观念

《太平经》虽然有着强烈的尊君思想，讲究君尊臣卑，但同时也要求君主不能独断专行，需采纳建言，实行民主政策，善待臣民。它认为要想政治清明、国家强盛、社会稳定，当权者在治国理政的时候就不能独裁、专断，而要广开言路，接受臣民的“谏正”“纠偏”，以“救失补错”。这种广开言路、集思广益的朴素民主观念是为政大计，影响了尊崇道教为国教的唐朝，唐太宗善待臣民且善于纳谏——“唐代的谏议制度和谏议机制是最完备的”①。

2. “君、臣、民三相须”

《荀子·王制》要求统治者充分重视民众的力量，以君为舟，以民为水，认为“水则载舟，水则覆舟”，希望统治者关注民生、民情以获取民心。《太平经》进一步从“君少民，乃衣食不足，令常用心愁苦”，“无民，君与臣无可治，无可理也”② 的角度阐发了君、臣、民休戚与共、互相依附的道理。即“君者须臣，臣须民，民须臣，臣须君，乃后成一事，不足一，使三不成也……此三相须而立，相得乃成，故君臣民当应天法，三合相通，并力

---

① 刘泽华、葛荃：《中国古代政治思想史》，南开大学出版社 2001 年版，第 361 页。

② 王明：《太平经合校》，中华书局 1960 年版，第 150 页。

同心，共为一家也”[①]。它强调君、臣、民“三相须而立”，绑在一条船上，君、臣不要无视民众的存在和作用，而是要与其并力同心。三者互相依赖，处在国家这个统一体中，同吉凶、共命运。所以，君、臣应该体恤民众、爱护百姓。

3. 平均主义的物质分配原则

《太平经》认为，天地之间的一切财物都是因“天地和气”而生的，是人类公有的东西，“此财物乃天地中和所有，以共养人也”[②]，不应该由一部分人独占天地之间的资源和财物而成为“巨大的硕鼠”，这些“常独足食”的硕鼠会因贪欲变得越来越大而越来越独享资源、独占财物，其他人却分享不到天地资财，在分配领域甚至“食不果腹”，与那些“巨大的硕鼠”相距远之又远，贫富差距越来越大，社会分配越来越不公平。于是《太平经》抬出“太平”二字，帮普通民众喊出平等、平均的呼声，告诫为政的当权者，“天地施化得均，尊卑大小皆如一，乃无争讼者，故可为人君父母也”[③]。

4. 反对统治者穷奢极欲

《太平经》极力反对统治者过穷奢极欲的生活，认为“虽上世之圣王，岂能使五谷常收，而旱水不至哉！然而无冻饿之民者，何也？其力时急，而自养俭也”[④]，警示统治者务必以俭养德。它摆出“山川为空竭，元气断绝，地气衰弱，生养万物不

① 王明：《太平经合校》，中华书局1960年版，第150页。
② 王明：《太平经合校》，中华书局1960年版，第247页。
③ 王明：《太平经合校》，中华书局1960年版，第683页。
④ 《墨子·七患》。

成，天灾变改，生民消耗”等现象作为例证，警醒为政者不能为了满足耳目之欲而不顾及百姓；《太平经》还将“天下贫困愁苦，灾变连起”的罪魁祸首视为“悉就浮华”、“六情所好，人人嬉之，而不自禁止”（《墨子·七患》）的当权者。这些警诫之言，字字有力，掷地有声，对统治者不能自已的欲望发出警告。

第四章

道家传统具有现代化的内在可能性

第一节　道家人与自然和谐发展的思想使其具有现代化的可能性

一　以道家人与自然和谐发展的思想取代西方“人类中心主义”

马克思说：“自然界，就它自身不是人的身体而言，是人的无机的身体。人靠自然界生活。这就是说，自然界是人为了不致死亡而必须与之处于持续不断的交互作用过程的、人的身体。所谓人的肉体生活和精神生活同自然界相联系，不外是说自然界同自身相联系，因为人是自然界的一部分。”① 恩格斯告诫我们：“每走一步都要记住：我们决不像征服者统治异族人那样支配自然界，决不像站在自然界之外的人似的去支配自然界——相反，

① 《马克思恩格斯全集》（第三卷），人民出版社 2002 年版，第 272 页。

我们连同我们的肉、血和头脑都是属于自然界和存在于自然界之中的；我们对自然界的整个支配作用，就在于我们比其他一切生物强，能够认识和正确运用自然规律。”①

工业时代，西方“人类中心主义”却盲目自大地以为“人为万物主宰”，在无限制地改造自然的过程中享受着征服的快感，肆意攫取自然界资源、破坏生态平衡。大自然在人类无节制的攫取中承受力越来越低，植被锐减，气候变暖，出现了风沙、酸雨、雾霾等。有学者说，人类对自然超强度的掠夺堪比第三次世界大战，如果不加以节制，可能连大自然供养人类生存的能力都令人担忧。

道家崇尚自然的世界观和方法论，描绘的是一幅人与自然完全和谐的图景，从这个意义上来说，是对西方“人类中心主义”的超越。我们应该以道家人与自然和谐的思想取代西方“人类中心主义”，追求可持续发展。

二　道家生态环境伦理与“人与自然和谐共生的现代化”

18 世纪法国著名的重农学派经济学家弗朗斯瓦·魁奈很欣赏道家对自然的推崇，于 1785 年把“无为”译为“自由放任”。魁奈宣扬自然法则，主张自由放任，在其所著《自然法则》中说，“自然法则是人类立法的基础和人类行为的最高准则”，“但所有国家都忽视了这一点，只有中国例外”。可见，道家关于环

① 《马克思恩格斯文集》（第 9 卷），人民出版社 2009 年版，第 560 页。

境伦理、生态文明的思想对国外亦有影响。我们要开辟中国式现代化新道路，特征之一就是“人与自然和谐共生”，以实现人、自然、社会的良性循环及可持续发展。因道家的生态思想和环境伦理与这一特征具有一致性，使其有参与新时代中国特色社会主义文化建设的可能性。

（一）道家的生态文明观

1. 道家“道法自然”“天人合一”的主张是构建生态伦理的思想渊源

生态环境伦理是关于人与自然关系的学说。道家认为万物皆源于“道”，而“道”又遵从依附于“自然”，“自然”至高无上。因此，从一定意义上说，标榜“自然至上”是道家环境伦理思想的核心，为纠正“人类中心主义”的偏颇、克服“人主宰自然”等错误认识提供了强有力的思想武器，为正确处理人与自然及人与社会的关系奠定了共识性的基础，有利于大力发展绿色生态文明。此外，道家“天人合一”“万物与我为一”的思想是构建人与自然和谐发展的重要思想源泉，它使人们明白，人与自然原为一体，人虽然有一定的主观能动性，但不可能完全主宰自然。因此，善待自然就是善待人类自己，人只有主动地呵护自然，与自然和谐相处，实现人、社会与自然三位一体的可持续发展，才会有美好的未来。

2. 道家“损有余而补不足”的均衡发展理念是生态环境伦理实践的思想来源

一方面，道家主张人的求取要均衡适度。老子说：“天下神器，不可为之，不可执之。为者败之，执者失之。是以圣人无为，故无败，无执，故无失……是以圣人去甚、去奢、去泰”（《道德经》第二十九章）。这种尊重规律、避免极端、抵制奢侈、追求节制的思想，对于转变人们的生产生活方式有很大的指导意义。众所周知，工业文明的生产方式造成了大量的废弃物，是非循环式的生产；工业文明的生活方式是高消费的物质主义，极大地削弱了环境资源的承载力。道家的“无为”理念则要求人们在生产上遵循自然规律，在生活上以实用节约为准则，消费适度，这和当前“人与自然和谐共生”的中国式现代化道路的要求正相合。

另一方面，道家主张人与自然均衡发展。老子说：“天之道，其犹张弓欤？高者抑之，下者举之，有余者损之，不足者补之。天之道，损有余而补不足。人之道则不然，损不足以奉有余。”（《道德经》第七十七章）从中可知，老子推崇的是“天之道”，是“损有余而补不足”，反对的是“人之道”，即贪得无厌，物欲如壑。老子非常明白地告诉世人，平衡发展才是大自然的规律，才是构建生态环境伦理的发展方向。基于此，要抑制人类只顾满足自己欲望、不顾人与自然和谐发展的行为，并以实际行动多做关爱大自然之善举。

3. 人要善待自然，“无以人灭天”

道家反复强调“道”是万物运行的根本法则，目的就是要人们认识这一法则，并崇信它，掌握它。如果做到了这一点，人在自然面前就会从一个“自在人”变成“自为人”，自觉地顺应自然，按自然规律办事。

首先，要掌握自然规律，“知常曰明”。面对大自然，人类“归根曰静，是谓复命。复命曰常，知常曰明。不知常，妄作凶”（《道德经》第十六章）。其意是说，一切回归到大自然的根本，世间就会处于平衡态之中，万物就会有生机。恢复生机就符合事物发展的正常规律。人掌握了规律就会明白事理，否则，在自然界规律根本不可能消失的情形下，不懂得规律而胡作非为，就会遇到凶险，遭受惩罚。庄子继承了老子这一思想，认为天下万物皆有其自身的客观规律：“天地固有常矣，日月固有明矣，星辰固有列矣，禽兽固有群矣，树木固有立矣。”（《庄子·天道》）人不过是大自然的组成部分之一，人的一切行为都应与天地、日月、星辰，乃至禽兽、树林等自然界万物在生态伦理上平等相处，和谐统一。

其次，天人不相胜，“无以人灭天”。道家环境伦理思想之所以千百年来一直受到人们的称赞，原因之一就是它处处闪耀着对人类和大自然的关爱与呵护。老子认为，明事理的人无论做事讲话都恰当、合度而且高明，“圣人常善救人，故无弃人，常善救物，故无弃物。是谓袭明”（《道德经》第二十七章）。其中，“无弃人”者，言世上没有绝对无用的人，所以没有被遗弃的人；“无弃物”者，言世上没有绝对的废品，所以没有被遗弃的物品；“袭明”者，乃深而不外露的智慧与聪明。庄子认为万物都有灵性，人类如果善待自然，自然必然会以善的方式回报人类，否则必是相反。他以长梧封人耕种的教训为例加以说明：“长梧封人问子牢曰：‘君为政焉勿卤莽，治民焉勿灭裂。昔予为禾，耕而卤莽之，则其实亦卤莽而报予；芸而灭裂之，则其实亦灭裂而报予。予来年变齐，深其耕而熟耰之，其禾繁以滋，予终年厌飧。’庄子闻之曰：‘今人之治其形，理其心，多有似封之所谓。’”(《庄子·则阳》)很明显，庄子是不赞成人们以“鲁莽灭裂”的方式肆意破坏自然的。他主张人类首先要顺应自然，保护自然，然后才可利用自然资源为自己制作、生产必需的物质产品。否则，不仅会失败，最终还会遭到自然的惩罚。庄子把了解社会发展规律、自然发展规律又自觉按照规律办事的人誉为与“道”为“一”的“真人”“至人”，这些人不仅是“知天之所为，知人之所为者”，而且懂得“天与人不相胜”(《庄子·大宗师》)的伦理规范。正因为如此，“真人”“至人”以“天在内，人在外，德在乎天”为指导，终生践行“无以人灭天，无以故灭命”(《庄子·秋水》)的信条。

最后，珍爱自然，尊重生命，“知足知止”。在道家的环境伦理中，人一直处于主体地位。万物虽然均有灵性，但唯有人具有自觉意识，自然界是否受到轻视和破坏，是否得到关爱和保护，人一直处于主动的决定地位。老子认为，万物源于自然，人只是其一，人既不能无欲，更不可能绝欲，因而人向自然界索取生活必需品也是必然并可以理解的，但索取不能过度、无限，尤其不能纵欲贪得，正确的生活态度应是“甘其食，美其服，乐其俗，安其居”(《道德经》第八十章)，知足而止。道家要人们“知足”“知止”，看似轻描淡写，其伦理思想却非常深刻、十分精辟。“知足”就是能把握限度，如果人们对自然的索取超过其承载能力，不顾一切地一味聚敛和占有，量的积累一旦达到极限，等待“多藏者”的可能就是彻底覆灭。因此，人类一定要懂得节欲，善待自然，知足则可不辱，知止则可避险。道家认为，要使人们自觉遵循环境伦理，首要的是在思想上明白什么样的人生才是有意义的人生，怎样做才是真正地珍爱生命。老子说："名与身孰亲？身与货孰多？得与亡孰病？甚爱必大费，多藏必厚亡。故知足不辱，知止不殆，可以长久。"（《道德经》第四十四章）也就是说，人不要为外物所惑，不要把名誉、财富看得过重；既不必吝啬，也不必聚敛。因为贪得无厌必有后患，只有适可而止才能不辱不险。只有这样，人类与自然才能和谐双赢，才能可持续发展。

（二）道教的生态文明观

道教有卓然不群的生态保护理念，有时甚至被冠以生态道教的称呼。生态文明建设一直是中国特色社会主义事业的重要内容，党和国家高度重视生态文明建设，在党的十七大、十八大、十九大报告中都对其进行了详细阐释。习近平总书记在党的十九大报告中强调，人与自然是生命共同体，人类必须尊重自然、顺应自然、保护自然。他更进一步强调了生态文明建设的重要性，指出，"环境就是民生，青山就是美丽，蓝天也是幸福。要像保护眼睛一样保护生态环境，像对待生命一样对待生态环境，把不损害生态环境作为发展的底线"[①]，还强调"生态文明建设事关中华民族永续发展和'两个一百年'奋斗目标的实现，保护生态环境就是保护生产力，改善生态环境就是发

① 中共中央宣传部编：《习近平总书记系列重要讲话读本》，学习出版社、人民出版社 2016 年版，第 233 页。

展生产力”[1]，并且语重心长地说，“我们既要绿水青山，也要金山银山。宁要绿水青山，不要金山银山，而且绿水青山就是金山银山。我们绝不能以牺牲生态环境为代价换取经济的一时发展”[2]。生态文明的核心理念是要树立尊重自然、顺应自然、保护自然的生态观，努力形成人与自然和谐相处的思想观念。这些正是古老的道教一直倡导并遵循至今的教义。

1. 天人互盗、三才相依

道教一直强调天人合一的生态理念。所谓天人合一，讲的是人与其所赖以生存的自然界是相互依存的。双方只有和睦相处，才能够可持续地发展。道教在善待自然、珍惜世间生命的视角下，强调人与天地万物的互相依存。此外，道教还提及人类在善待自然的同时，也会理智而巧妙地与自然互相利用，即天人互盗。

《黄帝阴符经》以三百字讲三才相依、天人互盗的客观规律。三才指的是天、地、人；互盗指的是天人之间互相利用。这反映了道教的生态观，即人要追求的是与万物共生并荣，而人应追求的生命价值是内心的宁静和恬和，不需要争夺，更不需要互相杀戮，只需要互相关爱，善待自然，尊重生命。

2. 反对毁林烧山、乱捕滥杀等破坏生态的行为

道教认为，一阴一阳谓之道，大自然中的山林、草木、土壤

① 中共中央文献研究室编：《习近平关于社会主义生态文明建设论述摘编》，中央文献出版社2017年版，第9页。

② 中共中央文献研究室编：《习近平关于社会主义生态文明建设论述摘编》，中央文献出版社2017年版，第21页。

都有其阴阳协调的稳定性，烧山毁林会打破阴阳平衡。道教很多典籍都主张保护大自然中的山林草木。《太平经》昭示："山者，太阳也，土地之纲，是其君也。布根之类，木是其长也，亦是君也，是其阳也。火亦五行之君长也，亦是其阳也。三君三阳，相逢反相衰。是故天上令急禁烧山林丛木……"为了保护生态环境，《老君说一百八十戒》第十四戒说"不得烧田野山林"，第四十七戒说"不得妄凿地毁山川"。

为了保障生态平衡，道教教义还主张贵生厚德、尊重生命，把自然界中的动物、植物、山川、河流都视为生命的存在，认为它们都是神圣的，和人类是共生共荣的关系，为此，要反对乱捕滥杀的行为。《太上灵宝朝天谢罪大忏》卷三中对乱捕滥杀的行为进行了深刻的鞭挞："其可谓杀机大发，万物遭殃，杀害无数生灵。"《三天内解经》昭示："真道好生而恶杀。长生者道也。死坏者非道也。死王乃不如生鼠。故圣人教化，使民慈心于众生，生可贵也。"对生物界的慈爱悲悯反哺人类好的生态环境。

3. 道教提倡自然朴素的生活理念

道教这一理念与现代社会提倡的低碳绿色的生活方式相契合。长期以来，在保护生态和环境上，道教都身体力行，不仅建构了一套非常完整的、理性的、科学的生态观和发展观，也在实实在在地践行。不仅仅是说，更重要的是在做，用行为来感化民众，让大家一起投入到生态文明建设之中。

在当前的市场经济条件下，以破坏和浪费自然资源为代价换取经济利益的行为应当予以制止。追求经济利益不能以破坏生态环境为代价，不能向大自然一味而无度地索取，应该爱护人与万物共生的大自然，并以悲悯的情怀爱护自然界中的万物。正如恩格斯所说，“我们不要过分陶醉于我们人类对自然界的胜利。对于每一次这样的胜利，自然界都会对我们进行报复。每一次胜利，起初确实取得了我们预期的结果，但是往后和再往后却发生完全不同的、出于预料的影响，常常把最初的结果又消除了”①。从历史唯物主义观点出发，马克思主义经典作家不主张人与自然之间那种田园牧歌般的、天人合一的、前现代的自在的统一与和谐，而是主张在人的创造性实践活动的基础上，建立起人与自然之间的自觉的、相互依赖的和谐关系。他们既强调人的主体性以及人对自然的实践改造，也充分意识到必须保护作为人类生存根基的大自然，其论述中包含许多关于尊重自然、热爱生命、保护生态的重要话语。尽管道教的生态文明是前现代的，但在参与新时代中国特色社会主义文化建设过程中仍然具有借鉴意义。

第二节　道家身心和谐的价值观使其具有现代化的可能性

道家哲学认为人因离道越来越远而面临生存的危机，这些危机深藏于人的自然属性与社会属性之中。对于社会属性中的生存危机，庄子在《缮性》篇中将人逐步丧失自然本性的过程分为六个阶段：第一阶段是随顺自然；第二阶段是天下虽然和顺，但人

① 《马克思恩格斯文集》（第9卷），人民出版社2009年版，第559~560页。

因有追求而不那么纯粹了；第三阶段是社会开始有争斗，安而不顺了；第四阶段是人际复杂，人的自然本性受到欲望驱使；第五阶段是人心不古；第六阶段是百姓霍乱，难以复归淳朴自然的本性。对此，庄子深感忧虑，认为世情道德每况愈下，正道受阻，伪道盛行。在《庚桑楚》篇中，庄子认为人人逐利，且利令智昏，儿子杀死父亲，臣子杀害君主，光天化日抢劫，正午挖墙行窃等情况时有发生。道家对入世的诸般情形进行反思后的通透、豁达的生命观、心灵观在出世和入世的张力之间寻找平衡。

一 道家“贵生重道”的生命观

追求长生是道家的生命观。在中国传统文化中，道家和道教是最重视人的身体修行的。对于生命的价值，道家认为“守道全生”才是最重要的，正如老君所言，“万物之中，人称最灵，性命合道，当保爱之……守道全生，为善保真”①，进而主张生道合一。首先，道家认为“生”是“道”的表现形式，即《老子想尔注》所说，“生，道之别体也”②。此外，“生”是“道”之“德”，《周易》认为“生”是天地从“道”那里禀受的最大的德性，所以天地重道、贵生。其次，道家认为生、道是有逻辑关系的。唐代道士司马承祯在《坐忘论》中说，“人之所贵者，生也；生之所贵者，道也”③，所以人当贵生重道。《太上老君内观

① 《道藏要籍选刊》（第一册），上海古籍出版社 1989 年影印本，第 129 页。
② 饶宗颐：《老子想尔注校证》，上海古籍出版社 1991 年版，第 33 页。
③ 《道藏要集选刊》（第一册），上海古籍出版社 1989 年影印本，第 645 页。

经》曰："道不可见，因生以明之；生不可常，用道以守之。若生亡则道废，道废则生亡。生道合一，则长生不死"①，非常清晰地诠释了生道合一的关系，认为"道"以"生"来表现，"生"以"道"来守护，"生"与"道"互存互亡，能够做到生道合一，便可长生不死。这是道教教义的核心内容之一。

实际上，"道"因具有无限性、本原性、生成性而在生命追求上体现为长生。无限之道呈现长生久视。人禀"道"生，性命合于"道"，能守"道"则可长生，反之则失道而死，这些都体现了生道之间的密切关系。道家道教对此进行了深入的探索，即使没有最终实现长生久视的目标，也经历了善养身体、识道体道的过程。这些应为现代人所借鉴，才能对自然、对人体、对生命有更深的认知和了解。

二　道家的心灵观及其现代价值

道家追求"生道合一"，善养身体的同时必然重视善护心灵。道家追求"逍遥""无待""顺天安命"的人生理念，帮助人们实现心灵的逍遥、自由、舒适，免于诸多尘世烦恼。

首先，《庄子》内七篇的开篇之作《逍遥游》彰显了庄子思想的主旨。逍遥，是对身心"无待"和自由的追求，是对精神"自得""自适"状态的标榜，也是在人生困苦或烦恼中自得其乐的心境。让心灵无所羁绊和束缚，淡化俗世中的功名攀缘，如

① 《道藏要集选刊》（第一册），上海古籍出版社1989年影印本，第130页。

同“至人”般无心邀功、无意求名，以宽广的内心畝域体认世情而不为世情所累，悠然自在，超脱适然。

其次，庄子在《齐物论》中以“大知闲闲，小知间间”来说明世俗的人以“成心”入世，在“日以心斗”的过程中，将自身的生命陷溺于“是其所非而非其所是”的称辩争斗，在与他人、与世界的对峙博弈中，以各种揣摩、深思、谋略、判断、成见示人，“与接为构”，“与物相刃相靡”，从而远道损己。事实上，内心与其充斥“成见”，“莫若以明”。只有“以明”之心，方能无所偏执地观照外在的实况。也就是要人去除成见、摒弃私意，透过虚静的功夫使心灵达到空明之境。庄子认为，“以道观之，物无贵贱”，“天地一指也，万物一马也”，如果能够做到以心体道，以道观万物，则万物齐一，无有分别，就无须用分别心去攀缘、艳羡所谓的不齐之“高”，而应该以平常心、逍遥心、自在心超越地看待“人间世”。

最后，有学者在20多年前就判断，“人的理想信念与信仰危机、人的思想迷惑与心灵焦虑、人的素质、人的生活质量问题是文化建设在当前急需解决的四大问题”①。如今，新时代文化建设依然面临这些问题。实际上，在现代社会，人们面临的时代变化、社会际遇比古人要复杂得多，与古人相比，心灵受到的干扰更多，程度也更深。庄子在《养生主》中以“庖丁解牛”的故事来论证“顺天安命以逍遥”的人生态度。道家的人生理念可以帮助现代社会的人们远离烦恼，

① 韩庆祥、邹诗鹏：《人学——人的问题的当代阐释》，云南人民出版社2001年版，第348页。

逍遥、自在地践履人生。

三　以道家的身心观融入现代化的生活世界

理论要想得到实施，需要融入生活世界。没有在真正意义上融入生活世界的理论难以长存，更经受不住实践和历史的考验。我们在这里把生活世界分为哲学意义上的生活世界、中国特色社会主义建设实践意义上的生活世界，以及人们普遍存在于其中的生活世界。生活世界是积淀在语言中的各种背景知识和行为规范的综合体现，是涵纳民族心理和历史的厚重底板；是社会共同体和集体的行为期待；是社会文化传统。生活世界分为三大结构要素：文化、社会、个性。其中，文化是知识的储存库，人们既能内在地拥有、共享，并在互动中运用语言结构、文化传统、精神信仰、价值观念，使这个知识的储存库历久弥新；也能在生活世界中长久保存、即时传播、动态更新文化知识，使这个知识的储存库越来越庞大。社会是合法的秩序，包括制度、法律、规范等。个性是主体参与并确定自己的“同一性”，以交往行为形成个人认同，从而满足个性成长。文化、社会、个性作为生活世界的结构要素，与文化再生产、社会整合、个性社会化这些再生产过程相适合。其中，制度对文化具有强烈的依赖性，文化理论的落实需要制度做保障，要在“文化决定论”和“制度主义者”的张力之间做好平衡，使制度与文化并行，共同助力良序社会的构建。道家传统融入生活世界，意味着在思想理论上能够参与新时代中国特色社会主义文化建设，也能够融入现代的日用平常的伦理道德，在民众的日常生活中起到指导性作用。道家文化具有现代化的可能性，因为它除了依托文化积淀的历史底蕴，还能够融入制度之中，能够融入个体的思维和行为习惯之中。

（一）能够“医治”现代人的异化心理

现代社会，人们拜倒在商品的“石榴裙”下，商品拜物教和拜金主义盛行，“物”成为主宰，生产“物”的人却“匍匐”在“物”的面前，甘心为奴，异化程度趋于极限，人甚至在超出自己消费能力范围的商品面前产生自卑感。这样的异化使人们与幸福感之间产生了绝对的离心力。道家思想对消除这些异化心理有值得借鉴之处。道家主张“物物而不物于物”，希望人做世界的主人，不为物所役，可以“医治”当今社会的人因对“物”的仰视而失去自己的社会现象。道家认为“以道观之，物无贵贱”，以道“齐”万物，则无贵贱尊卑之分，人自然不会再一味地追物逐利，而是向心内求得一份知足之乐。

（二）能够帮助现代人选择正确的生存境遇

融于日用平常的新时代中国特色社会主义文化理论，可以指导人们以正确的价值观追求合理、舒适的生存境遇。人之为人，终究是一个存在的概念，如何活得明白、活得自在、活得有意义，是需要直面的人生选择。古语云：“天下熙熙，皆为利来；天下攘攘，皆为利往。”当今市场经济和工具理性使人们沉溺于世俗的功名利禄，深陷激烈的社会竞争之中，在竞争中“异化”

了自己，难以拥有幸福的生存境遇。道家传统在此处有了“用武之地”并可应然地实现现代化。老子讲绝圣弃智、绝学无忧，为学日益、为道日损，这些观点与当今社会决意追求智识、事功的风气截然相反。他的目的是使人本身回归素朴，保持本性纯然，知足常乐，则社会自然得到治理，人心自然愉悦，这样的生存境遇也会让人获得与自然同在的“合道性”。道家还主张“不争”，认为“夫唯不争，故天下莫能与之争”（《道德经》第二十二章），这与社会激烈的竞争氛围形成了鲜明的对比。从“争”向“不争”转向的价值观正在形成，与现代的人们“心有戚戚焉”。庄子讲究身心无所待，摒弃束缚、追求逍遥和自由，更加关注人的自在存在，这也恰是当代社会的人们缺少并“心向往之”的存在。可见，道家传统可在日用平常的生活世界中得以实现，并且还是社会在自我反思的“否定之否定”之后的价值观的可选项之一。

（三）能够助力生活世界重塑价值理性

撒切尔夫人曾以中国缺少可资输出的价值观，故而难以称霸世界民族之林为由，论证中国不足惧。“意义”不是靠行政系统生产出来的，正如“意义”也不是在工厂里生产出来的一样，“意义”只能由一个社会文化系统以传统的方式生产出来——通过各种挑战、机遇、讨论、总结、反思而逐渐形成自我的世界观、价值观。这个过程不是纯粹个人的，而是要回到一定的价值体系、一定的传统脉络之中。近代以来，工具理性和“科学至上”引领人类社会在改造世界方面大有作为，工业已经升至 4.0 版本，科技飞速发展，人们的物质生活水平大幅提高，同时也产生了人类异化、道德滑坡等负面效应。这时，重塑价值理性、重建价值目标的声音越来越高，培育价值理性成为理论关切的当务之急。中国特色社会主义新文化理论能够对现代化进程中出现的与价值理论相关的问题做出科学回答，助力生活世界在保卫科学理性的同时重塑价值理性。比如，在构建社会主义核心价值观体系的过程中做出应有的理论贡献。新时代中国特色社会主义文化建设，需要融入人们普遍存在于其中的生活世界。因为历史原因，曾经承担“价值”和“意义”之构建责任的传统缺席，“破而未立”必然带来信仰淡化，人们失去灵魂支撑、伦理维系、道德坚守。道家传统因其能够填补人生价值和生活意义的缺失，能够为现代人正确的人生观和价值观指导，在参与新时代中国特色社会主义文化建设的过程中深入生活世界，担负起为人们普遍存在于其中的生活世界提供价值与意义等价值理性的文化责任，所以具有现代化的可能性。

（四）能够帮助现代人颐养身心

技术狂飙下的现代人在工作之余应颐养身心，以更好地适应高强度、快节奏的现代生活。道家和道教中有丰富的养生理念及方法可资借鉴。

世俗养生的目的是延年益寿，追求“高寿”“眉寿”“高年人瑞”。对于世俗养生，实际上建立在人类死亡的基础之上。正是因为死亡的绝对存在、生命的绝对有限，才激起人们对生命的珍惜。如果人类永远不会死亡，没有生老病死的过程，也就不需要养生，更无所谓养生学。也就是说，只有当人们恐惧死亡，在心理上或身体上感受到死亡的威胁时，养生才成为一种必要和可能。所以，死亡恰恰是世俗养生的绝对前提。这种个体生命的有限、死亡的绝对和无限维系着宇宙的生生不息，如同非存在是存在的方式一样。

世俗养生的方法有很多，诸如中医养生：食疗、药疗、针灸、按摩、砭石养生等；动功炼形养生：太极拳、大成拳、形意拳、咏春拳，五禽戏、导引、瑜伽等；静功养生：气功、静坐、呼吸、吐纳等；精神养生：净化人的精神世界，调节情绪，使人心态平和、乐观、开朗、豁达，相当于现代医学的心理卫生保健法。与世俗养生不同，道家和道教认为通过修身养性，能够使个体自我生命复归本源，实现“生道合一”的愿望。[①]

1. 养气炼神

道家和道教主张养气，“是以吾教之设，本乎虚无自然，其虚无自然者，神气也。知养夫神气，则性命之道备矣。而修之之方，虽或同异，其原夫三洞九霄之旨则一矣”[②]；又将存神守静作为养生的基本理念，“思净欲寡，虚集静笃，复归无极，则虚寂明通，物不吾役而物吾役矣”[③]。

2. 吐纳导引

道家和道教将吐纳、导引配合阴阳五行的变化加以实行，并据此在日常起居之中践行。“人能顺时调摄……勤以导引之功，慎

① 王卡：“道教符咒与中国文化”，载《道教经史论丛》，巴蜀书社 2007 年版，第 211 页。

② 《道藏》（第 33 册），文物出版社、上海书店、天津古籍出版社 1988 年版，第 207～208 页。

③ 《道藏》（第 33 册），文物出版社、上海书店、天津古籍出版社 1988 年版，第 187 页。

以宜忌之要，无竞无营，与时消息，则疾病可远，寿命可延。”①就是综合气功导引、呼吸吐纳进行全方位的保养调摄，且将顺时养生与日常生活紧密结合起来。其中，吐纳是一种呼吸修炼术。导引在道教养生体系中占有重要位置。华佗五禽戏便是著名的导引术。葛洪在《抱朴子·别旨》中有“或伸屈，或俯仰，或行卧，或倚立，或踯躅，或徐步，或吟或息，皆导引也”的记载。

第三节　道家人与物之间的和谐使其具有现代化的可能性

时代是人的生存境遇的特定时空背板。我们正处于机遇与挑战相伴、动力与压力共存的现代社会，直接承载着近代历史结果的现代人正在被各种时代的“危机综合征”所包围，人们不仅对技术产生高度依赖，被物欲牵引，而且人的社会分殊化程度越来越高，离心力越来越大。道家具有为正确处理人与社会、人与人、人与物的关系提供智慧方案的可能性，也能为加大现代社会的凝聚力贡献思想资源。

一　道家能够为现代人的“技术扩张性生存”给出“技道中和”的方案

科学技术的高速发展以及频繁的更新换代，使得它越来越具有统治性。科学技术给人们的日常生活带来翻天覆地的变化，使

① （明）高濂：《遵生八笺》，人民卫生出版社 2007 年版，第 57 页。

人们在衣食住行等方面享受着极大的便利。人们对科技产生越来越大的依赖性，甚至到了仰视高新科技的地步。人越来越成为技术的附庸，而且技术一直走在扩张的道路上，从未停滞，更新、换代、升级的速度已经超出人们的想象范围。技术的扩张也带来很多负面效应：人在技术面前越来越没有隐私可言；VR、元宇宙等虚拟世界越来越替代现实世界成为人们的首选，人们对于现实世界反而越发淡漠和远离。

老子提出“绝巧弃利”，认为应该绝弃对技术的追求，这与当今的技术扩张现象截然相反。实际上，彻底、全面地否定技术也不符合当前的历史发展规律，而是应当辩证地取舍。庄子则提出“以技合道”，认为持技者达到一定的技术境界后会物我两忘，进而实现内养自己的目的，也会在处理人与人的关系以及人与自然的关系上达于合“道”的境界。道家“以技合道”的理念为当今社会的“技术扩张”给出“中和”的解决方案。

二　道家能够为现代人的“物质依赖性生存”给出“物物而不物于物”的方案

人们的物质欲望越来越大，过分追逐物质利益，过度消费自然资源，崇拜金钱，艳羡财富，于是产生了物欲膨胀而精神空虚的消极后果。这种物质依赖性生存状态是不合理的，将个人自我价值的是否实现狭隘地界定为拥有金钱的多寡也是不合理的，正如西方哲学家大卫·奥格威所说，“不要完全以物质层面的飞黄腾达来认定所谓成功这回事，还必须将个人的幸福、家庭的快乐等精神层面的收获一并列入考虑”[①]。道家给出的方案是，尊重主体，“物物而不物于物”，告诫人们不要“心为物役”，即不要成为物质的“奴隶”。因为“以道观之，物无贵贱”，所以应该“不贵难得之货”，以平和的心态看待物质高低贵贱的差异。

三　道家为现代人的“竞争效率性生存”给出了“悠然闲适”的生存方案

在市场经济条件下，讲究优胜劣汰，追求竞争和效率，其核心是要人们因为追求效率，舍弃很多闲适生活的时间，整天为获得名利而处于竞争之中，感受不到生活的愉悦，人与人之间的亲情和友情关系也越来越疏远和冷淡。这样的生存状态导致人们的幸福指数非常低。与之不同，道家追求的是休闲的生命状态，认为人生的真实意义是生命体验和本心感悟，主张摒弃功利性的思维模式，“任其自为而已”，追求的是因任自然的生活方式。春耕秋收，日作夜息，以“无待”游于世，物任其性，事称其能，各当其分，“逍遥宇宙之间而心意自得”，是身心处于“休闲无为之地”的最大价值所在。庄子主张舍弃俗世的羁绊，使心灵从俗情杂念中逃脱出来，使身心都不再有过多的要求，无须劳形累心。以“朝彻”“见独”“心斋”“坐忘”“撄宁”进入“道”之

① 大卫·奥格威：《广告大师奥格威：未公诸于世的选集》，庄淑芬译，机械工业出版社 2003 年版，第 186 页。

佳境。这样人就能逍遥自在，游于物之初始。庄子认为："无思无虑始知道，无处无服始安道，无从无道始得道。"（《庄子·知北游》）"无思无虑"是"心闲"，"无处无服"是"身闲"，"无从无道"是"休闲"，突出了"休闲"在"道"这一层面的超越原则。庄子休闲哲学之最大的贡献就在于身处有为之累中仍能获得超然之境界，也就是其所谓"安之"而"自事其心"的"心闲"境界。

此外，道家思想能够指导人们处理世事及人际关系，在保持身心健康以及形成各种正确的价值观上起到一定的作用。比如，人们在处理事情时，不仅常用道家一分为二的辩证方法看待事情的两面再做出决定，还用发展、变化的眼光看待事情发展的态势，进而做出正确的判断和决策，更用道家"无为"思想稀释功利、淡然处世，等等。总之，要以道家传统融入现代生活世界，参与新时代中国特色社会主义文化建设，为人们的日用平常提供思想资源，使人们在生活中无论面临怎样的枪林弹雨，都能在这些思想的指引下泰然处之、安然自若。

下　篇

路径论证：道家现代化何以实现？

第五章 在参与新时代文化建设中实现道家传统的现代化

第一节 “两结合”

2021年习近平总书记提出“把马克思主义基本原理同中国具体实际相结合、同中华优秀传统文化相结合”①，这为道家传统在参与新时代文化建设中实现现代化提供了契机。

一 马克思主义基本原理同中国具体实际相结合

马克思主义基本原理同中国具体实际相结合的过程是马克思主义中国化的过程，也是中国现代性的建构过程，更是实践中国式现代化新道路的过程。

① 习近平：《在庆祝中国共产党成立100周年大会上的讲话》，人民出版社2021年版，第13页。

马克思主义中国化的起点、任务、进程与中国现代性的建构，与中国式现代化新道路的实践之间具有历史的内在关联。20世纪前期，在强势的西方现代化背景下，中国被动地接受现代化、被动地表达现代化诉求。在西方现代化的标准之下，自身文化传统“不知所措”，很难内在地生发入围全球现代化并产生深远影响的思想文化资源，内生性遭到阻隔，自主性受到限制。为了与世界对话，需要具有现代形式；为了具有符合国情的文化根基，需要充分考虑到传统的现代转换。

在这样的历史背景下，马克思主义中国化应“缘”而生，因为只有马克思主义理论，才能让上述两个条件实现。与西方某些学者将现代性与资本主义社会画等号不同，马克思认为后者虽然推动了前者的历史形成，但前者的完善与升级方向却是要超越和扬弃后者，因为后者在制度和精神文明等方面阻碍了前者的发展，由此断定现代性的未来发展应该是与社会主义乃至共产主义同向而行的。马克思主义具有面向时代的开放性和深刻的人类性，指向的是包括非西方价值在内的人类共同的现代化思想，这就使得其作为中国获得现代性身份的思想武器成为可能。马克思对西方资本主义世界的否定性批判以及苏联“十月革命”的胜利，使中国对马克思主义产生了新的理解，那就是总体上落后的国家完全可以通过首先取得政权，然后再开展现代化建设，这也正是马克思主义中国化的历史接口。自此，马克思主义中国化使“马克思主义的开放性”得到了具体化呈现。正是在这样一个历史背景下，中国开始了马克思主义中国化的探索，同时确立起中国现代性的资格与身份，并与时俱进，开辟中国式现代化新道路。

回顾中国的现代化进程，我们会发现三条路径：一是借鉴西方现代化的中国现代文化精神在“五四”时期初具雏形，是以个人本位主义为内核的民主精神和科学精神的有机统一，同时也是对中国传统文化进行创造性转化的“先行者”。二是20世纪的新儒家们以继承、弘扬孔孟程朱等儒学主流为己任，力求以之改造民主和科学等西方现代文化精神，致力于实现中国文化的现代化。三是马克思主义者成功地寻找到最符合广大人民利益的中国现代化之路。如毛泽东在“五四”现代文化精神的基础上，提出了“民族的、科学的、大众的”文化观点，突出了中国现代文化精神的民族性和人民性，并提出了人民本位主义的思想，以此确立现代中国人的信念和理想。

以民族性为例。马克思主义与各国实际相结合，实质上就是通过了解各民族特点，扎根于各民族的传统和本土文化，取得各民族的具体形式，并确实起到改造社会的作用，从而真正实现“民族化”。而不断“民族化”的过程就是马克思主义在世界范围内开疆辟土的过程。也就是说，“民族化”是马克思主义通往“世界化”的必经之路。马克思主义与中国具体实际相结合，也必须要取得中华民族的形式，既彰显中华民族特色，又深谙百姓所知所想所喜所乐，还能在改造社会中体现中国作风和中国气派。可见，要想在古今中西时空交接的复杂背景下实现道家现代化，就必须坚持以马克思主义为指导，参与马克思主义中国化进程，并与中华优秀传统文化和西方优秀文明成果一道，为新时代中国特色社会主义文化建设做贡献。

一方面，推动马克思主义基本原理与中国具体实际相结合。走中国式现代化道路，不能拘泥在故纸堆里，也不能仅仅停留在学者的书斋里，必须与社会实际相结合，并融入大众的生活世界，立足当代中国实践，回答和解决重大现实问题。生活实践是理论的生命之源，理论随着实践的发展而发展。改革开放以来，我国国情以及人们的生活实践都发生了巨大变化，涌现出许多急需理论来回答的新问题。而我们的理论并未完全跟上实践的步伐，应该继续从往昔实践中提炼理论精华，形成理论话语体系，并在未来的实践之中逐步发展、完善理论。包含道家现代化在内的新时代中国特色社会主义文化理论，应该融入社会实践之中，并经得起实践的考验。新时代中国特色社会主义文化建设不在实践之前和实践之外，而是在实践过程中。其中，立足中国国情，关注和解决关系广大人民群众切身利益的民生问题，解决重大经济、政治、文化问题，是新时代文化建设融入生活世界的必行之举，也是其自身理论发展的迫切之需。

另一方面，我们要尊重实践，而不是用理论去裁剪现实，往往总结成功的实践经验之时，就是发现马克思主义基本原理同中国实际相结合并合理地中国化的时候。现实生活提出的问题是对新时代中国特色社会主义文化建设的挑战，恰恰也是这一理论得以发展的机遇，因为任何理论都是在不断寻求新问题的答案中获得发展的。

二　马克思主义基本原理同中华优秀传统文化相结合

马克思主义与中国传统文化不仅在精神上相通（比如，都比较关注集体性），而且前者的中国化和后者的现代化是同向而行的，也就是说，中国传统文化现代化恰是马克思主义中国化的题中应有之义。

“坚持马克思主义基本原理与中华优秀传统文化相结合”①，意味着马克思主义理论在与传统融合的过程中，以中国实际为“体”，以传统文化中的合理元素及西方优秀文明为“用”，形成了新时代中国特色社会主义新文化，与时俱进地实现中国化。近年来，我们更加注重马克思主义的大众化、中国化、时代化，在主流意识形态的支持和推动下加大彰显中华传统文化在新时代的优越性。

（一）马克思主义理论与中国传统文化结合的原因

1. 近代以来社会变革实践的需要

中华民族的独立、富强与复兴是近代以来中国人民的不懈追求。中国传统文化和西方文化尽管都有机会登上中国近代的历史舞台，但是都被实践证明行不通，完不成这项艰巨的历史任务。只有马克思主义才能最终解决“中国向何处去”的问题。正如马克思所说：“理论在一个国家实现的程度，总是决

① 习近平：《在庆祝中国共产党成立100周年大会上的讲话》，人民出版社2021年版，第13页。

定于理论满足这个国家的需要的程度。"① 作为一种外来文化，马克思主义能够与中国传统文化之间实现结合的根本原因在于它适应并满足了近代以来中国社会变革实践的需要。

一方面，传统遇到瓶颈。严复说："中国自甲午一创于东邻，庚子再困于八国，海内憬然，始知旧学之必不足恃。"（《〈英文汉诂〉卮言》）改变中国的落后状况，必须要改变支撑这种政治经济状况的传统文化，意味着近代中国向西方学习必然在经历从器物向制度的转变后走向思想文化的转变。于是，1905 年废除科举制度，使儒学退出教育主阵地；1911 年爆发辛亥革命，使儒学退出主流意识形态领域；1919 年发起新文化运动，以儒学为代表的传统文化遭到激烈的批判，在道德伦理、文化精神和价值认同方面发生全面的危机。以儒学为代表的传统文化不能适应近代中国社会变革实践的需要，衰落成为必然。

另一方面，西学也并非万能。资本主义制度的固有矛盾因 1914 年第一次世界大战的爆发而被揭露出来，战争带来的惨痛现实令其无法为那些矛盾辩护。随后，西方文化的丧钟第一次被一本书——德国斯宾格勒的《西方的没落》——敲响了。"没落"的标题正是西方文化衰落的写照，它曾有的"高光"时刻在逐渐黯淡。稍后，梁启超携《欧游心影录》"震"醒了国人对西方文化的向往之梦，引领国人看到了西方文化负向的、鲜有未来的一面，让国人惊呼：原来西方文化也有不如东方文化的方面。毛泽东在 1917 年认为，固然"东方思想均不切于实际生

① 《马克思恩格斯全集》（第三卷），人民出版社 2002 年版，第 209 页。

活”，但“西方思想亦未必尽是，几多之部分，亦应与东方思想同时改造”，正如他在《唯心历史观的破产》中所说的那样，中国人也曾努力地学习西方的思想武器和政治方案，但亦因与封建主义一样软弱而宣告破产。[①]

东西皆有弊端，那么出路在哪里？在马克思主义指导下，中华民族完成了“救亡图存”这一历史任务。毛泽东认为：“马克思列宁主义来到中国之所以发生这样大的作用，是因为中国的社会条件有了这种需要，是因为同中国人民革命的实践发生了联系，是因为被中国人民所掌握了。”[②] 马克思主义不仅具有革命性，能够给中国革命提供强大的精神动力，还具有批判性，既能够批判地吸收近代以前人类（主要是西方）所取得的优秀文明成果，又能够因批判资本主义现代社会而具有丰富的后现代思想，正好迎刃解决我国的现代性积弊。

2. 马克思主义与中国传统文化共同的发展需要

毛泽东在 1938 年曾指出：“从孔夫子到孙中山，我们应当给以总结，继承这一份珍贵的遗产。”[③] 这份珍贵的遗产，即中国传统文化，是指中华民族在从周秦到五四运动以前这三千多年之间形成的文化，它是中华民族在近代以前对于自然和人类社会认识的智慧结晶。这份遗产之珍贵，不仅如英国历史学家汤因比在 20 世纪 70 年代初曾指出的“就中国人来说，几千年来，比世界任何民族都成功地把几亿民众，从政治文化上团结起来。他

---

① 《毛泽东选集》（第 4 卷），人民出版社 1991 年版，第 1514 页。
② 《毛泽东选集》（第 4 卷），人民出版社 1991 年版，第 1515 页。
③ 《毛泽东选集》（第 2 卷），人民出版社 1991 年版，第 534 页。

们显示出这种在政治上、文化上统一的本领，具有无与伦比的成功经验”[①] 那样，在过去为中国人做出了贡献，而且在未来也会发挥更大的作用。

近代以来，各国文化都面临着如何实现从传统向现代转型的问题，中国也概莫能外。但是，“由于我国的传统文化在一个很长的历史时期内表现为建立在小农经济基础上的封建文化，很难直接开发和孕育出适合现代社会，特别是适合社会主义市场经济需要的现代文化精神”[②]，这就意味着中国传统文化的现代化转型需要嫁接一种现代理论的力量。马克思主义理论在 20 世纪初传入中国，成为中国传统实现现代化的重要契机。马克思主义理论作为一种文化形态，建基于工业化基础之上，脱胎于现代性，又以批判的自觉意识反思现代性，进而具有后现代性。它因对现代性的“熟知”程度以及对现代性未来走势的把握，成为中国传统文化实现现代化急需“拥抱”的理论来源，二者的结合恰是二者的共同需要。它们以“跨国”互补性、天然相吸性开启了持续多年、至今仍在进行、未来必将继续的“结合史”。

3. 马克思主义与中国传统文化具有相通性

马克思主义和中国传统文化之间具有差异性。例如，马克思主义的文化基因主要是欧洲的，与中国传统文化的基因无论在形式上还是内容上都有较大差异；在思维方式上，马克思主义脱胎于工业化的现代社会，与在农业文明中深耕几千年的中国传统思

① 汤因比、池田大作：《展望二十一世纪——汤因比与池田大作对话录》，国际文化出版公司 1999 年版，第 283~284 页。

② 陈方刘：“论马克思主义与中国传统文化相结合的原因”，《中共云南省委党校学报》，2008 年第 2 期。

维方式有很大的不同，前者注重人通过征服自然创造的“生产力”，后者则以直观的、浑然的、“悟”的特质追求“天人合一”。不了解差异，就认不清马克思主义与中国传统文化相结合的必要性，从而也就很难找到两者之间的结合点。同时更应发现，由于人类生产和生活方式具有高度相通性，作为人类生产和生活方式的反映形式——文化，也必然具有高度相通性，比如，马克思主义和儒学都具有强烈的集体主义意识……正可谓“东圣西圣，同此基础，同此心，同此理”[①]。虽然存在语言等差异，但各民族之间的生存条件和实践方式也并非毫无共同之处，由此形成的思维方式也不会绝对地格格不入。可见，一种外来文化能否在本土文化的“地盘”上“安营扎寨”，并得到成功的传播和较好的发展，取决于它是否找到开启本国民众心灵的钥匙，是否能够解决本国的具体实际问题，能否找到与本土文化之间的“通道”。

（二）马克思主义与中国传统文化结合的过程

马克思主义与中国传统文化在近现代各个历史时期都有不同的互动关系，大致经历了五个阶段：

第一阶段，19 世纪末至 20 世纪 20 年代初。此时既有陈独秀、李大钊、毛泽东坚持用马克思主义改造中国的观点；也有人认为传统文化尽是糟粕，主张全盘西化；还有梁漱溟等人坚持中国传统文化，反对吸收外来文化。

第二阶段，20 世纪 20 年代初至 40 年代初，马克思主义与中

① 许全兴：《毛泽东与孔夫子》，人民出版社 2020 年版，第 179 页。

国传统文化之间发生了激烈的冲突。中国共产党成立以后，马克思主义的传播从自发转变为自觉，学习马克思主义成为时代风潮，唯物辩证法等也风靡全国，“马克思差不多要和孔子争席”，这确为从前四千之余年所未尝见的剧变。更加重要的是，一些非马克思主义学者站在传统“文化本位主义”的立场上，否认中国传统文化吸收马克思主义的必要性和可能性。1937 年，毛泽东挣脱二者对立的局面，向全党提出“马克思主义中国化”这一历史任务，成为这一阶段和下一阶段之间的过渡性“衔接”。

第三阶段，20 世纪 40 年代初至 60 年代中期前。此时人们真正认识到马克思主义应该与中国传统文化结合起来，并大力推动两者之间的结合，应该是在 1940 年毛泽东《新民主主义论》发表以后。毛泽东为中国传统文化向现代化的转变指明了方向，强调既要从中国实际出发，又要注重外来学说在中国实践中的运用和发展，其核心是要超越“中”“西”“体”“用”之争。只有这样，才能取得事实上的进展，才能真正地做到以理论指导实践。这可以看作马克思主义与中国传统文化之初步结合取得的“小胜”。

第四阶段，改革开放时期。马克思主义与中国传统文化再度结合，把推进马克思主义中国化与实现中国传统文化现代化统一起来，使二者在更高的程度上实现了有机结合。

第五阶段，党的十八大以来的新时代。中国共产党作为中华优秀传统文化的忠实继承者和弘扬者，为实现中华民族伟大复兴的中国梦，不遗余力地弘扬传统文化，使马克思主义理论与中国优秀传统文化实现了行之有效的深度融合。

（三）马克思主义与中华传统文化相结合的经验和教训

马克思主义在与中华优秀传统文化相结合的过程中，既有许多成功的经验可资参考，也有一些教训值得深思。

1. 坚持以马克思主义为指导，坚持意识形态立场

在马克思主义与中华优秀传统文化相结合的过程中，必须坚持以马克思主义为指导，坚守马克思主义意识形态立场。这是从根本上保证新时代中国特色社会主义文化建设的性质和未来发展方向的需要。

首先，进入21世纪，尤其是党的十八大以来，习近平总书记对中华优秀传统文化做了前所未有的新定位，既强调吸纳中华优秀传统文化的本土资源来拓宽马克思主义中国化的新维度，以新思想开拓新境界，又盛赞中华优秀传统文化对于21世纪马克思主义而言的重要性，等等。可以说，正是马克思主义主流意识形态，为中华优秀传统文化的创新性发展和创造性转化提供了时代际遇，为其参与新时代“开疆辟土”，为其绵延传承“铺路架桥”。也就是说，中华优秀传统文化在新时代的创新性发展离不开21世纪马克思主义搭建的舞台，只有马克思主义才能为中华优秀传统文化的创造性转化和创新性发展保驾护航。所以，汲取中华优秀传统文化的本土资源滋养21世纪马克思主义，必须坚守马克思主义意识形态立场。

其次，习近平总书记《在庆祝中国共产党成立100周年大会上的讲话》中，为党的历程做了革命、建设、改革和新时代的明确分期。科学的、民族的、大众的、民族的马克思主义既是革命

取得胜利的思想根基，也是中国建设和改革的思想武器，更是新时代中国特色社会主义建设的思想指导。马克思主义因建基在西方工业化基础上而具有现代性，又因对资本主义现代性社会的批判而具有后现代性，其现代性和后现代性的双重属性正好契合新时代中国的社会实践。直面现代和后现代的时代背景，在 21 世纪马克思主义主流意识形态的推动下，中华优秀传统文化必能做好国内传承和国际传播，较好地参与新时代中国特色社会主义文化建设。

最后，尽管自鸦片战争以来的中国近代革命实践已经充分证明，带领中国步入社会主义现代化征程、完成中华民族独立和富强使命的，始终是马克思主义理论而不是其他。而且，在中国共产党人的努力下，作为一种外来文化，马克思主义也的确适应了近代以来中国社会变革实践的需要，让人们相信只有它才能最终解决“中国向何处去”的问题。但是中华优秀传统文化在中华民族近代以来的历史舞台上却从未缺席过。建党伊始，对中华优秀传统文化就做不到“无视”——1938 年，毛泽东说：“从孔夫子到孙中山，我们应当给以总结，继承这一份珍贵的遗产。”[①] 2021 年，习近平总书记进一步强调马克思主义基本原理与中华优秀传统文化的结合。面对百年未有之大变局，21 世纪的马克思主义更加离不开创造性转化和创新性发展后的中华优秀传统文化，因为对 21 世纪的马克思主义而言，中国本土的优秀传统文化毫无疑问是一种具有极大互补性的优势文化。作为一种智慧补给，必

① 《毛泽东选集》（第 2 卷），人民出版社 1991 年版，第 534 页。

将推动21世纪马克思主义继续丰富和发展，其自身也将在21世纪马克思主义的创新发展中继续焕发生机。

2. 关于马克思主义社会形态理论

在马克思主义与中国传统文化相结合的过程中，要关注马克思主义社会形态理论。

首先，马克思主义与中华优秀传统文化之间关系的界定，如果只停留在文化层面上，无论说二者是结合、融合的关系，抑或是对立统一的关系，还是重要组成部分的关系，都不仅不能把握住本质，而且难以窥其全貌。只有从历史唯物主义观点出发，站在马克思主义社会形态变革的理论高度进行审视，才能准确把握二者的关系。“一切依次更替的历史状态都只是人类社会由低级到高级的无穷发展进程中的暂时阶段……它不得不让位于更高的阶段。”① 儒家传统思想曾经是中国封建社会两千多年的主流意识形态，即使经历过无数次王朝易姓、改朝换代，也未曾阻挡和改变封建社会形态的绵延传承，呈现一种十分稳定和较为统一的文化意识形态。在更高阶段的社会形态——社会主义制度下，风靡千年的儒家封建社会意识形态被马克思主义所取代。如今，马克思主义与中华优秀传统文化处于同一社会形态，二者的结合不仅是表面的文化问题，更应从深层次的社会形态入手进行考量。

其次，以社会形态为考量标准，马克思主义和中华优秀传统文化是有差异的。如果说马克思主义是西方文明发展到一定阶段的理论成果，带着西方文化的基因，那么中华优秀传统文化则是

① 《马克思恩格斯文集》（第4卷），人民出版社2009年版，第270页。

几千年来中国人文和历史的积淀与凝结，渗透着地道的中国本土文化元素。在历史发展趋势上，如果说马克思主义的唯物史观认为人类历史渐次经过原始社会、奴隶社会、封建社会、资本主义社会、社会主义社会等社会形态变革而面向未来蓬勃发展，那么，在以儒家为主流意识形态的中国传统社会里，代表性人物孔子则将“返古”视为毕生追求，一生服膺“其为东周”[①] 的治国理想，二者几乎是反向的。但马克思主义与中华优秀传统文化二者之间的差异并未影响它们在近代中国大地上数次“搭手”，其间有对立、有冲突、有“言和”、有交往：19 世纪末至 20 世纪 20 年代初，针对它们孰优孰劣，到底应以何种意识形态治国，产生过争议。陈独秀、李大钊、毛泽东都主张用无产阶级的世界观观察社会和时局，都坚持用马克思主义改造中国，而梁漱溟则在东西文化的比较中坚持中华优秀传统文化的优越性，认为未来世界将有赖于东方文化的复兴，否认吸收外来文化的必要性；在 20 世纪 20 年代初至 40 年代初，马克思主义与中华优秀传统文化在新文化运动时期发生激烈冲突，甚至出现了“马克思差不多要和孔子争席”[②] 的局面，中国共产党的成立宣告马克思主义的胜出；1937 年，毛泽东提出马克思主义中国化，推动马克思主义与中华优秀传统文化“握手言和”，尤其是 1940 年《新民主主义论》的发表，更是为中华优秀传统文化指明了现代化转化的方向。改革开放以后，二者再度结合并“深度交往”，在推进马克思主义中国化的同时实现中华传统文化的现代化：20 世纪 80 年代掀

① 刘润为：“马克思主义与中国传统文化”，《世界社会主义研究》，2017 年第 3 期。
② 梁启超：《饮冰室合集》（第三十九卷），中华书局 1989 年版，第 39 页。

起“国学热”；20 世纪 90 年代“国学热”成为重要的文化现象；21 世纪初，中华优秀传统文化日渐深入人心；新时代，推进马克思主义中国化，建设新时代中国特色社会主义文化，发展 21 世纪的马克思主义。上述这些都离不开对传统文化精华的汲取。

综观马克思主义理论和中华优秀传统文化之间产生交集的历史并总结其经验，会发现坚持历史唯物主义观点，以马克思主义社会形态理论为指导，正视马克思主义与中华优秀传统文化二者之间的差异，不但不会使它们相背而行，反而会使二者实现更好的结合。新时代新发展阶段，更应该以唯物史观的社会形态理论看待二者之间的关系，才能使它们的结合不仅限于文化层面，而是深入到经济、政治、社会的全系统，从而全面、立体地推动 21 世纪马克思主义的发展，科学、理性地构建新时代中国特色社会主义文化。

实际上，无论是马克思主义中国化还是传统文化现代化，都有一些需要吸取的教训。例如，新文化运动中，混淆了传统文化的精华与糟粕，把许多传统文化的优秀思想成果作为封建糟粕予以批判和抛弃。再如，在马克思主义中国化的过程中，如何处理马克思主义大众化与马克思主义哲学精英化之间的关系，如何处理作为学术的马克思主义与作为意识形态的马克思主义之间的关系，等等，也都需要认真总结经验。

（四）马克思主义理论与中国传统文化结合的方法论原则

1. 坚持马克思主义的指导

在近代中华民族复兴的百年历史上，经过洋务运动、辛亥革命、新文化运动等一系列经济、政治、文化的探索，最终中国共产党以马克思主义为指导，与中国的具体实际相结合，引领中国人民取得了革命的胜利。科学的、大众的、民族的马克思主义作为强大的思想武器，在随后的建设、改革以及新时代一直起到重要的指导作用。

2. 跨文化的动态有机整合

跨文化的动态有机整合使多元文化的融合达于一体化，构建新时代中国特色社会主义的文化系统。对马克思主义思想、中国传统文化、西方优秀文明成果等多元文化主体进行动态有机整合，使其相互融通。相融后的新时代中国特色社会主义文化具有“一体化”的应然性，是具有整体性和逻辑一致性的马克思主义中国化的新形态，有利于发挥整体功能，具有强大的生命力，且能够根据时局的变化、经济和社会的发展动态地更新、完善，辩证地否定，螺旋式上升，并处于无限的升级跃层过程中。新时代中国特色社会主义文化是多元文化“一体化”为马克思主义中国化的新的文化系统，是根据社会主义实践需要审慎考察论证、择优汲取古今中外不同文化系统中的文化元素进行增减损益、重构的文化系统新结构。马克思主义基本原理与中华优秀传统文化的结合正是在这一原则的指导下进行的。

3. 对多元文化进行综合创新和协同创新

近代以来，在文化上全盘接受西化或者谋划旧文化的全面复活都是失败的。通过总结经验发现，对马克思主义理论、中国传统文化、西方优秀文明成果等文化主体进行整合，不是无原则地调和折中，而是辩证地综合创造，即以一种创造性的“综合”开启新的“创造”。新时代中国特色社会主义文化是多项具有当代价值的文化成果的新综合、新创造，具有符合中国式现代化发展方向的文化特色。只有会通多元文化，进行综合创新，才能形成强大的文化优势，才能成为符合时代精神的文化精华。对于多元文化，在充分释放各自的创新活力之外，要汇聚多方、有效整合、突破各自壁垒，以“综合创新”“协同创新”为方法“一体化”整体推进。在建设新时代中国特色社会主义文化时，多元文化主体在协同创新过程中调用的文化元素不是简单的叠加，而是有机整合，且表现出统一的整体性，并以整体的功能性凸显协同创新的文化发展态势，同时顺应时势动态升级。

4. 根植于中国社会实践

任何理论创新都是以实践为基础的。建立与发展新时代中国特色社会主义文化，一定要根植于中国社会实践和人民群众的生活世界。以实践为土壤，才能使新文化历史地、具体地、有效地呈现，并且可执行、为人民群众所接受。只有从社会实践出发，才能将马克思主义与中华优秀传统文化做到最好的结合，才能够融入人民群众的头脑，融入人民群众的生活世界，融入人民群众生存其中的时代。

5. 马克思主义与民族文化结合

新时代中国特色社会主义文化是马克思主义与中华民族文化的结合体。马克思主义首先是不能动摇的主体，此外，中国文化应该关注现代性和民族性，因为没有民族的独立，现代化就无从谈起，而民族的独立内含着民族文化的独立。民族文化是有着数千年历史传承的、经过近现代变革和转型的、走向未来、走向世界的活的中国文化生命整体，是生生不已、日新月异的“创造主体”，也是厚德载物、有容乃大的“接受主体”，更是新时代中国特色社会主义文化建设的主体承担者。所以，应该在新的历史条件下夯实民族文化的根基，承继中华传统文化，创造新的时代辉煌。

6. 依托社会系统构建新文化

我们要依托社会系统谈新时代中国特色社会主义文化的构建，社会是由政治子系统、经济子系统、文化子系统共同构成的大系统，我们不能就文化而谈文化，而要在政治、经济、文化的大系统里谈文化，在大系统中看文化与其他子系统的关系，然后在各方之间进行协调，否则将难以真正实现文化的跃进升级。因为整个社会的大系统是不断向前发展的，我们要在不断发展的动态社会系统里构建新时代中国特色社会主义文化。同时，马克思主义与中华优秀传统文化的结合，亦即文化的升级跃进需要制度同行，因为文化和制度是互相配合、互相影响的，二者共同服务于公序良俗的社会建设。

马克思主义理论在与中华优秀传统文化相结合方面做出了很多贡献，也积累了很多经验和教训。作为中国传统文化的一部分，道家文化在未来会继续与马克思主义理论进行优质融合，为中国化马克思主义理论新形态，为建设新时代中国特色社会主义文化做出贡献，这也是实现道家现代化的过程。也就是说，实现道家传统的现代化离不开该传统与马克思主义的结合。总之，马克思主义在革命、建设和改革时期均与中华优秀传统文化相结合，形成中国特色的社会主义理论。在新时代，马克思主义不但要继续与传统相结合，还要比以往任何时代都结合得更有深度和广度。

从社会实践出发，与道家传统保持深度联系，汲取养分，在生活世界里将道家传统文化进行正反合的加工，将马克思主义与其在骨子内融合，扬弃传统，实现更新升级，在“两结合”中实现道家传统的现代化，以参与新时代中国特色社会主义文化建设。

第二节　“双创”

中华优秀传统文化中有很多精华，尤其体现在精神上，比如，《易经·乾卦》中的“天行健，君子以自强不息”的积极进取精神；《易经·坤卦》中“地势坤，君子以厚德载物”的宽厚和顺美德；《道德经》中“万物负阴而抱阳”的辩证思想；等等。但中国传统文化除了精华，还有糟粕，所以，要“在新的时代条件下推动中华优秀传统文化创造性转化、创新性发展”[①]，即“双创”，以适应新时代中国特色社会主义文化建设的需要。

回顾中华优秀传统文化“双创”的历史，其已经有十个年头。从2012年党的十八大开始到2017年党的十九大，习近平总书记在讲话中多次提到要实现中华传统文化的创造性转化和创新性发展（即“双创”），对这一重大理论命题至少做过七次集中论述。比如，2014年，他提出“努力实现传统文化的创造性转化、创新性发展，使之与现实文化相融相通，共同服务以文化人的时代任务”[②]；2017年，他强调“推动中华优秀传统文化创造

① “习近平给《文史哲》编辑部全体编辑人员的回信”，《人民日报》，2021年5月10日。

② 《在纪念孔子诞辰2565周年国际学术研讨会暨国际儒学联合会第五届会员大会开幕式上的讲话》，人民出版社2014年版，第11页。

性转化、创新性发展”①；等等。2021 年，时隔近十年，习近平总书记再提传统文化“双创”，可见总书记对这个问题持续、高度关注，并希冀能够最终得到高质量的实现。

那么，传统文化“双创”的实效到底怎样？“双创”过程中遇到了什么样的困境？如何突破这些困境，从而继续推动传统文化通过“双创”参与新时代文化建设？实际上，传统文化的“双创”问题也是传统文化现代化的问题。

一　破题传统文化的“双创”困境

（一）困境：传统文化“双创”之难

传统文化的“双创”已经走过近十年的历程，无论是在理论上，还是在融入时代、融入社会实践的过程中，都取得了多方面的实效。理论上，传统文化的“双创”是在与马克思主义主流意识形态相结合的过程中开展的，也是新时代中国特色社会主义文化建设的重要参与方。传统文化的“双创”，即在新时代为传统文化“续命”，使其实现“新时代化”，为中华文明五千年的延承添上新时代的“砖瓦”、续上新时代的命脉。我们以山东这个儒学大省为例，探析传统儒学实践中的“双创”成果。一方面，传统儒学通过“双创”登上国内外的大雅之堂，将其中具有当代价值、世界意义的文化精髓用“国际语言”提炼出来、展示出

① 习近平：《决胜全面建成小康社会　夺取新时代中国特色社会主义伟大胜利——在中国共产党第十九次全国代表大会上的报告》，人民出版社 2017 年版，第 23 页。

来。比如，山东以高度的文化自觉担负起民族文化传播的历史使命，通过打造世界儒学研究中心，举办尼山世界文明论坛等，推动中国与世界文明的交流对话及互鉴。总之，我们看到传统儒学经过“双创”浸染于现实生活的多个层面，无论是国内传承还是国际传播，都能够感受到传统儒学在新时代的生命活力。另一方面，传统儒学通过“双创”深入民间，在民间获得相对广阔的发展空间。比如，山东曲阜举办“百姓儒学节”，表彰“孝贤之星”，让儒学走入寻常百姓家，使百姓传承传统美德，增加人与人之间的伦理感情等；还举行数十万人参加的祭孔文化活动、文明礼仪培训等，使传统儒学改善社会风气、民俗风气，为新时代的社会风貌、道德风貌做出了应有的贡献。然而，尽管传统文化的“双创”近十年来有一些成功之处，却也存在很多问题，面临诸多困境。

首先，传统文化的“双创”面临着“仅就文化谈文化”的问题。一方面，把传统文化的创造性转化和创新性发展仅放在文化的层面上探讨，而不是将其放入政治、经济、文化、社会的全系统中进行研判，也不以“双创”成果是否满足社会现实的需求，是否解决百姓日常生活的问题为标准。另一方面，因为仅在文化层面谈及马克思主义主流意识形态与传统儒学之间的关系，而不是站在历史唯物主义立场上以社会形态理论看待二者差异，进而深论二者结合的应当性，尽管将它们界定为结合关系、融合关系、汇通关系、融通关系、重要组成部分的关系，并试图通过协同创新、综合创新等真正解决二者的关系问题，充分体现了对传统文化正面的学术“提携”之功，但二者关系一直没有得到真正的厘清。

其次，传统文化的“双创”在社会实践上的成效未达预期。传统文化通过创造性转化和创新性发展，应该为社会实践的方方面面浸润积极因素和正向能量，但是在现实中的涉及广度及参与深度都不够。比如，在社会主义市场经济实践中，多年来一直呼吁以传统文化的诚信品质规范市场经济活动，但有悖诚信的市场行为依然很多，甚至在新的时代条件下产生了更多的悖诚心理、失信行为等。

再次，传统文化的“双创”在文化实践上尤其是教育实践上还有待深入。虽然一直在提倡并呼吁加大传统文化在学校教育知识体系中的比重，而且也付诸了政策性支持。比如，教育部印发了《完善中华优秀传统文化教育指导纲要》，中共中央办公厅、国务院办公厅印发了《关于实施中华优秀传统文化传承发展工程的意见》等文件；各地各级学校也纷纷推动经典诵读活动，重视传统节日教育，开展礼仪教育，推动非遗文化、传统曲艺、民乐舞蹈进课本、进课堂、进校园；等等。但实际上并未将传统文化真正纳入学校的教育评价和考核机制，而且学生们也并未真正受到传统文化精髓的滋润从而找到安身立命的价值支撑，依然存在不少“佛系”“躺平”等与传统文化中积极“入世”的主张相背离的不合理的价值观。

最后，传统文化的“双创”在传播、推广实践中滞于民间层次，影响力有限。推动传统文化“双创”，社会各界都应当肩负历史使命，想到实处，做到实处。事实是，有些地方政府对传统文化“双创”的推动仅限于口号的表达和标语的呈现；在学界，学者对传统文化的“双创”命题基本出于短暂的学术热情，仅限于申报课题、应景调研等，难有实际的学术创新；民间志愿者对此有热情，但收效不大。实践中，虽然许多地方开展修家谱、习六艺、学经典等国学活动，甚至纷纷挖掘历史遗迹和文化元素，依照古制设立当代书院，但是许多传统文化实践活动都流于形式，浮于表面，并未把握到精髓和真谛，甚至还出现打着国学等传统文化的旗号招摇撞骗、谋取利益的违法行为。这些都是传统文化真正实现“双创”的障碍或阻截因素。

（二）争议：消解传统文化到底能否实现“双创”？

面对传统文化这么多的“双创”困境，人们不禁要问，传统文化到底能不能实现“双创”？

第一，关于传统文化到底能不能实现“双创”的争议。

关于传统文化在新时代能否创造性转化、创新性发展的提问，其实也是中国怎样处理传统与现代化的关系以应对现代性的问题。习近平总书记《在庆祝中国共产党成立100周年大会上的讲话》中提出，“我们坚持和发展中国特色社会主义，推动物质文明、政治文明、精神文明、社会文明、生态文明协调发展，创造了中国式现代化新道路，创造了人类文明新形态”①。“中国式现代化新道路”的提出让我们更加有信心地认为中国能够很好地处理传统与现代化的关系，通过传统文化的“双创”，适应并参与新时代中国特色社会主义文化建设。我们也可以乐观地发现，

① 习近平：《在庆祝中国共产党成立100周年大会上的讲话》，人民出版社2021年版，第14页。

传统文化自身即蕴含着“双创”的积极因素，本能地去接应、满足新时代的新需求。我们不妨回看一百年前民国时期的新儒家，他们在20世纪中国近现代社会转型中尽心尽力地做过传统儒学现代化的尝试，尽管同样遇到过难题和阻碍，但是他们不仅留下了经验供我们借鉴，更在历史上铭刻了一种勇于面向现代化的儒家精神。这已然是对传统儒学能否“双创”争议的消解。百年前的他们不惧失败，百年后的我们应当更加果敢地在传统文化“双创”的道路上走下去。

第二，困境阻挡不了传统文化在新时代的“双创”步伐。

现代新儒家在应对现代化的过程中呈现出的民族精神及标榜的道德形上学，作为新儒家思想的内核，具有深远的理论意义和实践意义，是传统儒学在近现代与“现代化”的一次交手体验，让现代化见识了传统儒学“内圣外王”的实践力、高明的心性学理论学养，以及对治和拯救西方文明引起的各种异化的伦理道德和精神力量等。这些都说明传统儒学是能够通过创造性转化、创新性发展适应时代变化满足时代需求的。同时，也为新时代传统儒学的“双创”提供了借鉴。实际上，我们作为传统的传人传承儒学道统，要比现代新儒家们更加具有“双创”的能力，这就需要更加客观地了解传统儒学的精神和价值所在，谋求新时代中国特色社会主义文化建设的合理出路。总之，无论是20世纪的近现代转型期，还是21世纪的新时代，虽然传统文化“双创”都会遇到困境，但是却让我们更加坚信，传统文化是能够实现“双创”的，而且我们必将在“双创”的道路上持续勇毅地走下去。也就是说，在新时代，经过“双创”的传统文化仍然要继续

“应世”，在“试错”中总结经验、教训，突破困境，锲而不舍地探赜优化路径。

实际上，现代化的发展程度高不高，一定情况下与传统文化的底蕴深不深厚有关系，与传统能否有效地“双创”有很大关系。比如，如果排斥或切断传统文化，现代化可能也是流于表面的，如同对自己的传统粗暴，对现代化的接受也必然肤浅一样；同样，如果对自己复杂的文化传统没有深入地鉴别，也很难透视现代化的优劣；等等。所以，现代化的发展程度，即新时代中国特色社会主义文化的发展程度有赖于对传统“双创”的程度。

不仅我们的意愿和信心势不可挡，而且传统文化自身蕴含的那些“双创”的积极因素也是无法阻挡的。尽管经过几千年历史积淀的成熟稳定的中国传统文化，在百年之间实现的所有近现代转型几乎都是在西方文化的冲击下展开的，并集中体现为以“经世致用”思想入世，以“变通变易”思想积极主动地与西方近现代文化沟通，但是与传统自身蕴含的活力因素也不无关系。传统文化有其自身的优势，在东西方都要应对的现代化危机面前尤其具有用武之地。比如，继承中华优秀传统文化精髓，需把握和传递它的真精神，比如独立自主、自强不息的“乾”卦精神；遵道贵德、厚德载物的“坤”卦精神；经世致用、积极稳健的入世精神；等等。此外，还有以人为本的价值观坚守；贵和尚中的处事方式；阴阳互补的辩证思维；天人合一的自然和谐之道；等等。这些都是参与构建新时代文化建设、参与“中国式现代化道路”的重要文化元素。

(三) 在新时代继续推进传统文化的"双创"

面对传统文化的"双创"困境，应继续推进传统文化在新时代的"双创"进程，展现中华文明现代化的新样态。

第一，开启传统文化的"新时代化"步伐，助力"中国式现代化新道路"。

传统文化一直在历史舞台上以转化求适应，以创新图发展，是一个不断"时代化"的过程，与时俱进的智慧使它从未停止"时代化"的步伐。以传统儒学为例，秦朝大一统思想体系和文化形态在汉代得以延续及发展，其中传统儒学在汉代的"时代化"体现为汉代儒学，主要代表人物是董仲舒，他以"六经"为指针，独尊儒学，摸准了与封建社会意识形态相吻合的儒家文化形态的历史作用，以至于儒学作为主流意识形态自汉至清传世达两千年之久。儒学在宋代的"时代化"表现为理学的建构，理学是中国封建社会后期极为精致和完备的理论体系，影响至深至远，它将儒学的纲常伦理定为"天理"，同时强调人们对"天理"的自觉意识，通过道德自觉和伦理自律达到理想人格的建树。明代后期以及明清之际的儒学"时代化"主要体现在伦理学和政治学层面上，比如，顾炎武提出政治上的分权制、黄宗羲批判反思君主专制制度等。到了清代，如李鸿章所言，进入了数千年未有之大变局是典型的时代转型期，儒学的"时代化"重任落在使用实事求是新方法的乾嘉学派的朴学身上，它在考据基础上重建儒学义理，特别是解构宋明理学的形而上学，转向对人本身的肯定。综上，传统儒学能够在其他时代实现"时代化"，同样能够在新时代通过“双创”实现“时代化”，继往开来，参与新时代中国特色社会主义文化建设，为“中国式现代化道路”做出独有的贡献。

第二，继续推进传统文化“双创”，应对现代性危机。

现代性引发的危机频现。首先，现代性导致技术异化。科学技术的高速发展使工具理性的力量越来越大，甚至产生“统治性”，这种统治和操控的异化力量使人们再也无法想当然地认为科技只是人类发明的中性的东西而已，而且不得不为科技高速发展付出的代价买单，在技术异化中品尝苦果，看似享受技术便利，实则成为技术的奴婢。其次，现代性引发了物化危机。在资本主义社会，物的关系掩盖、取代甚至统治人的关系，商品与物成为和人相对立的异己力量，商品成为主角，人反而成了配角。而且当人的关系被物的关系所吞没和掩盖时，人与人之间的关系变得疏离、冷漠——人际关系被异化，之后人开始趋于抽象化、数字化、原子化，在社会上变得更加无所适从。最后，现代性伴生人的危机。人们以消费为生活重心，面对商品和传媒营销的入侵，只被动接受而不去反思和批判，成为“单向度的人”或“单面人”。而人作为创造性的、实践性的存在，本该具有的否定性和反思性如今却缺失了，这意味着人的主体性的失落。

面对这些现代性危机，东西方都在努力找寻解决方案。中国社会正在发生现代化转型，涉及生活方式、家庭形态、伦理观念等诸多现实问题，面临的现代性问题并不亚于西方，可以说，中国依然处于东西方共有的现代性危机之中。面对这一切，西方在后现代与现代性的共谋中推进现代化的发展。与西方不同，我们致力于挖掘传统文化资源来破题现代化发展瓶颈，呼唤传统文化的现代“应世”，继续推进传统文化的“双创”，使其积极参与现代化进程，并成为新时代中国特色社会主义文化建设中的重要一极，通力应对现代化危机，给出解决现代化问题的方案。因为没有“没有传统的现代化”，新时代需要有深厚历史根基的传统文化做支撑，而且传统文化具有积极入世、自我裁抑的历史经验，能够以时代需求为最先考量，主动去甄别、应对、适应新的时代样态，自然可以与现代价值相向而行，并在未来与其共生共荣。所以，对传统文化进行“双创”，参与新时代中国特色社会主义文化建设，为现代化的理性发展提供智慧支撑是有其必要性的。

第三，继续推进传统文化“双创”，满足新时代汲取传统文化资源的需求。

面对现代性危机，我们之所以要回到传统寻找智慧资源，是因为传统与现代具有生生不断的连续性，甚至是“互以为力”的，所以需打破传统与现代化对立的二元观。如果像清洗油画一样，将一切传统抹掉，从头画起，凭空描绘一个理想世界，是不现实的，只有在传统的基础上“着墨”，才能避开空想。实际上，传统的遗产本就是现代内涵的一部分，而且传统文化具备现代性不可消解的因素。中西不同体系的传统文明，一些自行转化为现代文明，一些为大势所趋“被迫”选择现代文明，在蹒跚学步中与现代化偕行，最终各个民族国家因不同的传统根基而形成有差异的现代化样态。无论是“自行转化”还是“被迫选择”的现代化，其实基本方面大致趋同，都是不能不要市场经济，也不能不要个人的自由、独立，以及希冀民主、法治等。中华优秀传统文化恰恰具备这些因素，需要我们挖掘出来，供给新时代的现实需求。

（四）出路：在新时代继续以马克思主义理论激活传统文化

2021 年 7 月 1 日，习近平总书记《在庆祝中国共产党成立 100 周年大会上的讲话》中提出："全面贯彻新时代中国特色社会主义思想，坚持把马克思主义基本原理同中国具体实际相结合、同中华优秀传统文化相结合，用马克思主义观察时代、把握时代、引领时代，继续发展当代中国马克思主义、21 世纪马克思主义！"[①] 可见，突破传统文化的"双创"困境，为其寻找新时代的出路，需要继续以马克思主义激活它。

第一，找到突破传统文化"双创"困境的出路，离不开马克思主义的意识形态支持。

习近平总书记在党的百年诞辰之际的讲话中明确提到"两结合"，说明已将中华优秀传统文化纳入新时代马克思主义主流意识形态的考量范围。进入 21 世纪，尤其是党的十八大以来，习近平对中华优秀传统文化做了前所未有的新定位，吸纳中华优秀传统文化的本土资源，拓宽马克思主义中国化的新维度，以新时代的新思想开拓新境界。可以说，习近平新时代中国特色社会主义思想为传统文化的"双创"提供了时代机遇。我们在新时代迎来新的传统文化发展机遇期，通过与马克思主义主流意识形态的

① 习近平：《在庆祝中国共产党成立 100 周年大会上的讲话》，人民出版社 2021 年版，第 13 页。

结合实现传统文化的“双创”，并使其参与新时代中国特色社会主义文化建设。在这个过程中，我们能够看到主流意识形态对传统文化现代化的影响力，也能够更加清晰地看到中华优秀传统文化的传承及弘扬有赖于主流意识形态的支持。实际上，只有马克思主义主流意识形态的倡导和支持，才能在新时代继续推进传统文化实现“双创”，焕发光彩。也只有在新时代坚持马克思主义理论的指导，才能突破传统文化“双创”的理论困境。

习近平总书记在讲话中提出“继续发展当代中国马克思主义、21 世纪马克思主义”，说明中华优秀传统文化在当代的创造性转化和创新性发展离不开 21 世纪马克思主义搭建的舞台。没有 21 世纪马克思主义的指导和支持，就没有包括道家在内的中华优秀传统文化在当代的继承发展。中华优秀传统文化无论在国内复兴实现传承，还是在国际推广实现传播，都离不开 21 世纪马克思主义主流意识形态的大力倡导和支持。有了这份倡导和支持，包括道家在内的中华优秀传统文化即使在新时代遇到诸多“双创”的理论困境，也能聚焦而解，并且必将在 21 世纪马克思主义的创新发展中继续焕发生机。有了新时代中国特色社会主义主流意识形态的支持，必能破题传统文化的“双创”困境，开启传统文化现代化的新境界。

第二，找到突破传统文化“双创”困境的出路，需要把握传统阶段和新时代的社会形态差异。

把握好传统和当代的社会形态差异，才能让传统文化真正地通过“双创”融入新时代。仅从文化层面很难明晰马克思主义和传统文化之间的真正关系，只有从历史唯物主义视角，站在社会形态变革的高度进行审视，才能准确把握二者关系。“一切依次更替的历史状态都只是人类社会由低级到高级的无穷发展进程中的暂时阶段……它不得不让位于更高的阶段。”① 以社会形态为考量标准，马克思主义和中国传统文化是有差异的。所以，要考虑传统与现代的社会形态差异，吸收现代新儒家探索儒学现代化之路的经验，吸取近现代知识分子对道家进行批判的教训，以及总结党成立以来在各个历史时期对待传统文化的经验教训，实事求是地“双创”传统文化，使其融入时代、融入生活世界，有的放矢地参与新时代中国特色社会主义文化建设。

此外，在新时代突破传统文化“双创”的理论困境，还要注意到传统和新时代的社会形态差异。因为只有深刻认识到社会形态的差异，才能透彻理解马克思主义与传统文化因源自不同社会形态，服膺不同社会形态，表征不同社会形态而具有不同的特征、功效、价值观、方法论等，从而更清晰地、更有的放矢地发掘二者在精神理念以及文化基因等方面的相向、相通、相融之处。说其相向，是因为马克思主义在中国扎根，形成中国化马克思主义，传统文化因与其在精神上、理想上、观念上等具有同向性而对其起到了潜移默化的接应性、接引性作用；说其相通、相融，是因为马克思主义和传统文化在文化基因上具有相通、相融性，比如，革命精神的相通、相融、共产主义与大同社会理想的相通、相融等。正是因为相向、相通、相融，才能在马克思主义指导下实现传统文化的“双创”，参与新时代中国特色社会主义文化建设。

① 《马克思恩格斯文集》（第 4 卷），人民出版社 2009 年版，第 270 页。

总之，无论是在形式上还是内容上，传统文化的“双创”都要符合新时代的特征和需求，并融入人们生活于其中的日用世界，才能真正地突破“困境”，否则只能是不合时宜的形式复古。伴随“双创”结出硕果，展望那时，市场经济实践中的诚信可期；传统文化的优秀精髓可深入受教育者的骨髓，在内成为我们安身立命的精神坚守，在外凝聚为具有中国影响力的价值观；在传播和推广实践中，政界和学界也会被真正调动起来，促成传统文化的“双创”在新时代落到实处。

二　对道家传统的创造性转化

时光荏苒，今天我们既要认同道家思想中固有的优秀文化和传统精髓，又要根据当前的时代需要对道家传统中的文化因子和价值取向加以创造性地转化，使其成为有利于当代的文化元素和价值系统。“创造性转化”的对象是道家传统中优秀的、有时代生机和生发性的文化元素，使其通过创造性的转化更加具有适应时代需求的文化效用和社会功能。这就需要深刻了解道家文化曾经在旧有的时空背景下是如何产生、发展，以及服务于社会的；还要挖掘其中具有深邃思想底蕴、能够深刻感染人的心灵、正确引导人的行为的文化因素，从现代文明的视角，在当代背景下以人们的真实需求为标准来审视、鉴别它们，然后进行创造性转化，以适应当代需求，服务当代社会，从而真正地为我们所借鉴。道家传统创造性转化的过程就是道家实现转型升级的现代化过程。一方面，道家传统被激活，因被赋予新的意义而复苏，能够更好地参与新时代中国特色社会主义文化建设；另一方面，使当代社会因为有创造性转化之后的道家的参与，在指导实践的理论以及引导人们增加幸福指数的价值观等方面有了新的选择。

（一）对道家传统进行创造性转化，需要去除糟粕，汲取精华

从宏观来讲，对传统文化进行创造性转化，是我们如何看待自己民族的现状、过去与未来命运的问题。我们从历史中走来，对自己的传统文化要有尊重、传承；我们要走向未来，又不能完全停留在历史和传统之中。所以我们要以科学的态度和方法去认识及对待传统文化。一方面，我们要有文化自信，对道家传统文化中优秀的方面加以弘扬，使之在国内、国际社会发挥正面且积极的作用，例如，海纳百川、有容乃大的道家思想符合当今国际社会的发展理念。另一方面，我们又要对自己的未来负责任，敢于否定道家传统中负面的、消极的、糟粕性的东西，以自我批评及超越性的思维对道家传统进行否定性的升级。例如，小国寡民思想已经不符合当今时代，应该是我们要摒弃的政治理念。

从微观来讲，道家传统中有精华，有糟粕。而且对这个问题，我们不该静态地拿出一个标准来衡量到底哪些是糟粕、哪些是精华，而是要动态地、历史地、辩证地分析和考量到底该如何评判传统的糟粕与精华，以及如何“去”糟粕、“取”精华。我们要吸收其中具有普遍性的精华要素。任何传统都是在一定社会历史条件下产生的具体的成果，其中既有仅限于当时社会条件的东西，如儒家的“忠君思想”和“三从四德”的女性道德规

范，也有某些超越时空限制的、具有普遍性的东西，如儒家的“中庸思想”等。前者随着历史的发展，由促进当时社会发展的因素变成了过时的、消极的东西，与现代社会背道而驰，失去了历史的合理性，而后者是具有普遍性的、有价值的东西，却可以经过改造转化为对现代社会有益的东西。比如，道家传统中“以百姓心为心”的民本思想与当今社会“以人为本”的理念一致；“道法自然”思想与生态文明建设一致；“兵者，不祥之器”与追求世界和平一致；“逍遥”“无待”等对自由理念的追求与现代人对闲适生活的追求理念一致；“不杀”“不淫”“不盗”等传统教义也与现代社会依法治国的法治要求及以德治国的德行要求相符；等等。实际上，我们的关注点不是指向精华或糟粕的任何对象本身，而是它们对于人和社会的发展而言是好还是坏，这样才能对传统文化进行真正的创造性转化。

（二）对道家传统进行创造性转化，需要坚持从实践出发的原则

对于那些即使对当今社会很有价值的思想因素，也不能原封不动地搬用过来，而是要从实践出发，与新的时代条件和社会现实相结合。因为理论离不开实践，从实践出发看问题是实现道家现代化一定要遵循的方法。一方面，道家现代化离不开对“人与社会”“人与自然”“人自身”的探讨，必然关涉人以及人的实践问题；另一方面，道家要想实现现代化，应该根植于中国特色社会主义建设实践的土壤，既以其为理论出发点，又以其作为理

论正确、可行与否的验证。也就是说，既要以现代化的、创新性的理论为实践服务，又要在实践中发挥作用、经受检验、得到发展。如果不是出自中国的实际需要而是由理论原则演绎而来，道家就没法实现真正意义上的现代化，道家现代化的提法也就变得毫无意义。一事当前，不应该首先向理论请教，而应该集中力量研究相关的实际情况，从中找出解决问题的实际办法，同时向理论寻求指导。道家现代化不是在书斋中完成的，不是理论问题，而是实践问题；是解决实际问题的自然结果，而不是解决实际问题的前提条件。从对实践经验的总结中概括出来的理论，就是新的、发展了的、现代化了的道家传统文化。

三　对道家传统的创新性发展

创造性转化的过程必然是创新的过程，即创造传统的“升级版”，这种创新是坚持逻辑与历史相统一的方法。正是这种“辩证的连续性”的逻辑，推动着道家传统现代化的实现。

（一）对道家传统进行创新，赋予旧的命题形式以新的思想内容

曾经为宋代儒家所使用的“道家”概念，在近代以来被用于“道”的领域，属于旧命题的新思想。后来对道家传统进行创新，古老的道家和道教被注入新的思想内容，出现了“新道家”学派。中国科学院董光璧先生首次提出“当代新道家”的概念，将 1950 年获诺贝尔物理学奖的日本学者汤川秀树、美国物理学家卡普拉、

英国科学史家李约瑟三人称为当代新道家。之所以裁定这三人为当代新道家，是因为在董光璧看来，他们都“发现了道家思想的现代性和世界意义，并发展出它的现代形式”①，比如，提出“无为论”“生成论”“循环论”“道实论”等具有现代特征的“道家”命题，进而成为新文化观、新科学观的哲学基础。董光璧进一步明确指出，“当代新科学的世界观向东方特别是道家的某些思想复归的特征，提倡一种以科学新成就为根据的，贯通古今、契合东西的新文化观”②。可见，前沿性科学向古老的道家复归，开始追求中西合璧的新文化，本质不在于当代的“复古”，恰恰是道家的某些“古老”元素具备“新生”功能，能够跨越若干个千年适时地参与面向未来的前沿性科学研究。

很多学者试图建立新道学的形上学体系，既继承发扬传统道家的思想，又适时关注工业文明发展所造成的问题，从“道”论、人性论、伦理价值学说、修养论与境界论、社会国家治理学说、宇宙的和谐学说等方面做出思想回应，以期为实现当代新道家的目标提供理论依据。这个过程也是创新道家以实现现代化的过程。

（二）对道家传统进行创新，赋予旧的思想内容以新的表现形式

对道家传统进行创新，还应当赋予旧的思想内容以新的表现形式。首先，当前是互联网时代，新媒体的发展日新月异。善用新媒体将加大道家思想的传播力度。在大力提倡中国文化走出

① 《马克思恩格斯文集》（第4卷），人民出版社2009年版，第1页。
② 董光璧：《当代新道家》，华夏出版社1991年版，第2页。

去，向国际社会讲好中国故事、提出中国方案的政策背景下，应当运用各种新媒体以及新传播方式把道家文化精华传播开来，让世界认识道家，让道家服务世界。其中，传播道家为现代社会中的人服务，还可通过自媒体这一非常有效的模式，使人们更加方便、快捷、有效地了解道家思想，并在生活和工作中加以运用。其次，现代社会的人们越来越重视商业利益，针对这样的现实需要，传统道家被赋予新的表现形式，相应地出现了“道商”这一结合商业与文化的身份，他们用道家思想做指导，将道家智慧用于商业谋略，进而为社会创造财富。最后，现代社会的人们越来越重视养生，针对这样的现实需要，传统道家又被赋予新的表现形式，把传统道家和道教中的养生理念传承下来并进行创新，形成新时代的养生理论和实践，助力建设健康中国。

（三）对道家传统进行创新，需要以满足社会现实需求为标准

优秀的道家传统文化资源如何实现创造性转化、创新性发展，以及以什么样的“度”进行转化和创新，是需要思考的问题。比如，当人们在现实生活中受到雾霾、水污染等恶劣生态环境的影响时，人们会自发自觉地去寻求解决之道，会对人对自然的破坏行为进行反思，会从道家文化中找到人与自然和谐共处的传统资源，并运用创新性的媒介传播手段对其进行推广，以发挥现实功效。当人们发现生活越来越异化，一味地追求世俗功利而逐渐丧失本来自我时，会自我发问“人之为人”的本质以及应当有的生存状态。道家传统恰恰如同待取的珍宝一样能够满足新时代的社会需求，给出可资人们选择的优异的生存观。实际上，道

家创新性发展后能够带来非常大的社会价值，比如，屠呦呦因为受到东晋道教名家葛洪所著《肘后备急方》的启发提取出青蒿素而获得2015年“诺贝尔生理学或医学奖”，便是道家创新性发展后取得的巨大的现代性成果。

第三节　“扬弃”

面对西方现代性的冲击，“五四”以来的知识分子通过对儒道等中国传统文化的批判来迎接西方现代性，希望西方的民主和科学能够救助中国。对西方现代性的迎接和招引，在逻辑上必然是对中国传统文化的激烈批判，其中尤以对道家、道教的批判最为激烈。

以胡适为代表的全盘西化派主张摒弃传统，扫清现代化的思想障碍，模仿西方启蒙，像西方对待中世纪基督教一样，发动中国的启蒙运动，把传统儒学“祛魅”①，声讨“吃人的礼教”，批判儒家、“打倒孔家店”，同时批判道家道教。

一　对现代性的接引离不开对传统的扬弃

“现代化”是一个舶来语，最初被西方人称为“近代”，指从公元1500年左右到现在。“现代化”一词可用来说明从农业社会向工业社会的转变，出现在五四运动以后的东西文化论争

① “祛魅”源于马克斯·韦伯所说的“世界的祛魅”，它发生在西方国家从宗教神权社会向世俗社会的转型过程中。

中。从新文化运动开始，中国有了现代性的启蒙。中国在反现代性与进行现代化的道路上同时行进，与西方资本主义的历史及发展节奏有所不同，我们既要借鉴西方资本主义的成功之处，又要以后现代的思路警惕西方现代性带来的弊端，走在现代性与后现代同时推进的道路上。这样的情况既有助于社会主义建设快速合理地发展，同时也伴随着艰难和风险。对于该如何选择现代化道路的问题，包括新儒家、马克思主义、道家等中国学术界派别各有主张。我们认为，应该以马克思主义为指导，吸收中国传统文化的合理思想成分，进行综合协同创新，建构社会主义文化新形态，为中国的现代化进程做好文化护航。

中国传统文化的现代化实际要解决的问题总体来说就是如何适应时代挑战进而进行时代转型的问题。道家作为中国传统文化的重要组成部分，以土生土长的本土资源身份，面临近代以来中国社会的变迁，为了应对时代变动、适应现代社会、求得持续生存，也必须进入转型期。在应声而来、瞬息万变的时局面前，在不确定的处境之中，如何适应新时代、做好现代转型？道家在中西古今的节点上，该何去何从？对中国传统文化要批判继承，要择优“剥取”，要审慎“扬弃”。这一切的基点首先落在了“批判”上。

一方面，道教是中国传统文化的重要组成部分，任何宗教都是社会发展的产物，当它不能与时代和社会发展相适应的时候，必然会遭到抵牾。道教作为中国土生土长的本土宗教，历经中国社会的复杂变迁。在它的“时代阅历”里，有被主流意识形态推崇的“高光”时刻，也有被批判的“低谷”时期。对道教的批判，在魏晋、隋唐、宋元明清等时期已有之。到了近现代尤其是“五四”时期，对它的批判，无论是从批判角度、批判内容，还是批判的彻底性上，都可谓空前绝后。正如马克思所说，“对宗教的批判是其他一切批判的前提”① 一样，“五四”时期的批判也是以宗教批判为首冲，而道教因其本土性、在中国社会的广泛影响性，自然成为批判的众矢之的。

另一方面，“五四”时期，为了实现国家层面的民族独立以及人民层面的追求个性解放等，一批先进知识分子们开启了救亡图存以及思想启蒙的活动，这两项任务的目标都指向或关乎对包括道教在内的旧传统、旧文化的批判。其中，陈独秀以“偶像破坏论”反对道教以正人心，鲁迅以“中国文化根柢说”批判道教，胡适以“贼赃说”指认道教为伪，钱玄同以“剿灭说”主张彻底消灭道教。内容涉及对道教长生不老、服食丹药以延年的批判；对道教鬼神、扶乩等封建迷信的批判；对儒道共谋主导之下的道德伦理的批判；等等。批判的结果确实起到了清除人们内心的封建沉疴，破除束缚与压迫，给心灵留白以迎接新思想入驻的作用，但是也导致道教失去政治庇护的光环，失去赖以生存的社会土壤，失去统治社会人心的隐形作用，等等。可是，带着中国本土文化基因的道教十分“顽强”，并未湮灭，而是在随后的历史时期实现现代转型并进行了与时代精神同向而行的重构。

① 《马克思恩格斯选集》（第 1 卷），人民出版社 1995 年版，第 1 页。

二　中国近现代知识分子为扫清现代化道路的障碍对道家进行批判反思

从甲午战争到“五四”时期，除了西方科技输入中国以外，大量的西方社会科学也被引进。一方面，面对西方学说的冲击，华夏文化的“中心”地位旁落，传统文化摇摇欲坠；另一方面，“五四”时期对“德先生”和“赛先生”的呼唤几乎成为全盘西化的注脚。两方面共同的逻辑指向是批判旧文化。道教作为旧文化的代表之一遭到批判。新文化运动的倡导者认为道教是封建迷信的代名词；道教在近代中国之所以被批判、被指责，是因为某些人想当然地认为它与现代科学精神背道而驰。

由辛亥革命与五四运动而来的科学思想和各种社会思潮的争鸣动摇了道教信仰的基础，新文化运动对中国传统文化进行全面批判，包括旧宗教、旧习俗，道教也在其中。道教信仰的根基发生了动摇，道教徒减少。新文化运动干将们对道教极尽反对之能事，将道教视为中国愚昧、落后的根源、诸多社会负面因素的深层次原因，是当时诸多先进知识分子的共识。

新文化运动的代表陈独秀在《新青年》上发表《偶像破坏论》一文，认为：“一切宗教都是骗人的偶像，阿弥陀佛是骗人的，耶和华是骗人的，玉皇大帝也是骗人的。一切宗教家所尊重的神、佛、仙、鬼都是无用的骗人的偶像，都应当破坏。”[①] 陈

① 《新青年》（第五卷第二号），人民出版社 1954 年影印本，第 89 页。

独秀反对宗教迷信，主张破坏神灵偶像。

有学者更是直接主张废除孔学、消灭道教。钱玄同在《中国今后之文字问题》一文中提出，“欲使中国不亡，欲使中国民族为二十世纪文明之民族，必以废孔学、灭道教为根本之解决”①。钱玄同甚至劝诫进步青年，若想让中国在20世纪还算一个国，若还想研究学问，就要剿灭这种最野蛮的邪教和这班兴妖作怪胡说八道的妖魔。道教崇奉的神灵被一些知识分子判为毫无价值的东西，将道教称为“最野蛮的道教”。钱玄同严厉地批评道教之不合于现代科学之精神，“欲使中国不亡，欲使中国民族为二十世纪文明之民族，必以废孔学、灭道教为根本问题之解决；而废记载空门学说及道教妖言之汉文，尤为根本解决之根本解决”，“欲祛除妖精鬼怪，炼丹画符的野蛮思想，当然以剿灭道教为惟一方法”②。

鲁迅先生也是新文化运动的旗手，他对于包括道教在内的传统旧文化持批判的态度。他希望改革旧的风俗习俗，大力提倡科学。而道教在封建社会百姓心里的地位实在太重要了，以至于深入骨髓，渗透到中国文化的方方面面，所以才有了鲁迅那句“中国文化的根柢全在道教”③，实际上这也主要是从批判中国传统文化落后性的贬义角度去立论的。不仅文学界，历史学界也发现了批判的端倪。著名历史学家顾颉刚先生也曾在20世纪20年代指认中国社会有道教的环境，从学术研究的角度“嗅”到了笼罩

① 《新青年》（第四卷第四号），人民出版社1954年影印本，第354页。
② 钱玄同：“中国今后之文字问题”，《新青年》，1918年4卷4号。
③ 吕有云：“论鲁迅的道教文化观”，《宗教学研究》，2003年第3期。

在当时社会上空的道教“味道”；历史学家胡哲敷在 20 世纪 30 年代甚至认为中国社会与道教互为因果并呈循环之势，而且后者几乎成为前者的原动力；等等。这些看似“客观”的描述其实都是批判性的。

胡适认为道教最迷信，他批判《道藏》，在《陶弘景的〈真诰〉考》一文中断定“整部道藏本来就是完全贼赃”[①]；认为它作为所谓的圣书，是一大套从头到尾认真作假的伪书，充满了惊人的迷信，极少学术价值，其中的所谓（三洞）的“经”，大部分是模仿佛经故意伪作的。

梁启超认为“先秦没有宗教，后来只有道教，又很无聊。道教是一面抄袭老子、庄子的教理，一面采佛教的形式及其皮毛，凑合起来的。做中国史，把道教叙述上去，可以说是大羞耻。他们所做的事，对于民族毫无利益；而且以左道惑众，扰乱治安，历代不绝……道教虽然很丑，做中国通史又不能不叙述”[②]。

综上所述，新文化运动的知名人士为了追求时代进步，为了扭转当时中国社会的“乾坤”，为了寻找救亡图存的出路，对包括道家道教在内的传统的批判成为他们必然的逻辑和选择。在这个过程中，我们能够感受到时代进步的精气神，也能感知到对中华优秀传统文化的继承与弘扬明显不足，这就需要我们在新时代做出全新阐释，以合理的中华优秀传统文化的传承体系参与新时代中国特色社会主义文化建设。

---

① 胡适：“陶弘景的《真诰》考”，载于《蔡元培先生六十五岁论文集》（下），台北“中央研究院”历史语言研究所 1935 年版，第 539 页。

② 梁启超：《中国历史研究法》，东方出版社 1996 年版，第 304 页。

三　扬弃道家传统以与新时代中国特色社会主义社会相适应

历史唯物主义认为社会存在决定社会意识。文化产生于社会生活之中。历史上，但凡能够成功持续发展、生命力久远的文化，都是那些不断对自身进行调节以适应社会发展的文化。

我们应当通过批判、扬弃，创造性转化和创新性发展道家传统，使其与社会主义社会相适应。道家传统虽已是传统，但不该束之高阁，其中可为当今借鉴者，亦应“拿来”为现代化服务。伴随现代化进程的推进，传统既有“被现代化”的客观要求，又有现代化的自身诉求。把现代化放在时代化的语境中来考察，会发现从历史长河来看，“时代化”对于任何一个时代的人来说都是“现代化”。我们所讲的现代化，是当前这个时代的“时代化”。道家进入21世纪，也要时代化，即现代化。就我国而言，道家现代化的过程是其与社会主义社会相适应的过程。

（一）道家与社会主义政治生活相适应

党的十九大报告处处彰显民本理念，全篇有203处提到人民，有关“人民”的暖心话语比比皆是，彰显中国共产党人“为中国人民谋幸福，为中华民族谋复兴”的初心使命。从中也可以读懂习近平总书记“人民至上”的民本情怀，他强调，“全面建成小康社会，一个不能少；共同富裕路上，一个不能掉队”[①]，他

① 《习近平在十九届中共中央政治局常委同中外记者见面时的讲话》，2017年10月25日。

呼唤的不是中国的先富者，而是中国的老百姓；庄严承诺到2020年我国现行标准下农村贫困人口实现脱贫；到2035年，中国将基本实现社会主义现代化，经济实力、科技实力将大幅跃升，人民生活更为宽裕，中等收入群体比例明显提高；“让改革发展成果惠及更多群众，让人民生活更加幸福美满”；“人民对美好生活的向往，就是我们的奋斗目标”。“以人民为中心”已经成为党中央治国理政的核心关键词。党中央始终坚持“以人民为中心”的发展理念和发展实践，激发出全国人民的巨大热情，为实现“两个一百年”奋斗目标积蓄磅礴伟力和不竭动力。道家和道教典籍中有大量的以民为本的思想。比如，《太平经》作为道教的主要经典之一，具有较为丰富的民本思想，不仅糅合了儒、墨、道等学派的民本观念，而且包含广开言路的朴素民主观念等。《道德经》《庄子》《文子》等道家和道教经典中内含丰富的民本思想；早期道教经典《太平经》提出系统的重民政策以及“以民为本”的主张；北宋真宗时期的张君房编辑的《云笈七籤》中有诸多与民本思想相关的文献；《老君太上虚无自然本起经》认为“有君臣而无民”的人不能担当治民的官吏；《杂修摄·禁忌》认为重民与重君同等重要；葛洪《抱朴子》主张“立君为民”等。

从道家的民本思想看，其与社会主义社会政治生活相适应。扬弃中华传统文化需要坚持人民性标准，那些能够体现人民立场、反映人民意愿、代表人民利益的文化即是精华。民为国本、立君为民、政在养民是道家道教中民本思想的内核。这些民本思想对于真正贯彻和落实党的“以人民为中心”的执政观念有一定的借鉴作用。

(二) 道家与新时代中国特色社会主义市场经济相适应

道家和道教主张在商业活动中要遵守诚信的道德准则，坚持重诺守义的精神，奉行节约资源的原则。道家以“轻诺必寡信”(《道德经》第六十七章) 来警醒世人重诺守信；又以“吾有三宝：一曰慈，二曰俭，三曰不敢为天下先”(《道德经》第六十七章) 来倡议节俭。道教则在具体教义和经典典籍中规范商业道德，十分重视财富伦理 (或称商业伦理/经济伦理) 的建构。道家和道教劝善书认为诚信不欺与“天之道”相通，所以力主弘扬诚信，要求不取非义之财，不谋财害命，不违法受贿；要求买卖公平，不得短斤缺两、以次充好、以假乱真等。道家和道教主张的“诚信不欺”曾对社会经济伦理产生过正向的影响。

坚守诚信的道德准则。道家和道教中有很多关于诚信和虔敬的道德教化与倡导。坚守诚信、拒斥假冒伪劣商品，抵制欺行霸市的商业行为，古今一也。诚信作为一种道德准则，是市场经济所必需的。基于此，应当在商业伦理中汲取道教的劝善教化思想。比如,《太上感应篇》认为不要以升秤欺人，否则不仅内心有忏，缺斤少两的失诚行为还会引来灾祸；不要知假贩假，不“以伪杂真”，不欺不诈。在市场经济的今天，各种假冒伪劣商品甚嚣尘上，全无诚信可言，道教思想认为这些获利行为不仅有损德行，而且会招引灾祸。从长远来看，商人在市场中若能持久致富，一定是靠诚实守信，而不是靠坑蒙拐骗等。道教以将会招致灾祸等后果警告、劝诫商人坚守诚信。因为有敬畏，所以必然要诚信。道教教义十分推崇商业伦理及道德，道教劝善书用贴近生活的语言和例证维护、宣扬传统道德观念和道德规范。明清商人深受道教劝善书的影响，他们在平素的商业行为中表现出重诺守义的精神。《太上感应篇图说》对“推多取少”一句的注释是：“利者，乱之始也。若计利则害义，寡取则不争，让则有余。”[①] 可见，在道家和道教的义利选择中，义大于利。在市场经济的今天，尤其需要这种对商业伦理的敬畏之心，以及重诺守义的精神。

（三）道家与社会主义社会生活相适应

道家和道教在近两千年的历史发展过程中积累了丰富的思想文化，其中也蕴含着深刻的生活智慧，能够直面现代化进程中关乎人的生存意义和精神家园的文化危机等问题。这些生活智慧对于现代人如何正确认识自我，正确处理人与人、人与社会、人与自然之间的关系，同样具有启迪意义。

1. 济世利人的社会责任感

道教典籍《度人经》言：“仙道贵生，无量度人。”要求道人不仅要“度己”，而且要担负起“度人”的社会责任。这其实是一种“推己及人”的，由“个人”推向“他人”，乃至推向“社会”层面的“利他”行为。以“个人”的德行、能力、学识去感化、帮助、提升他人，最终在“利己利他”中实现社会的和谐。

2. 齐同慈爱的处世方式

“齐同慈爱，异骨成亲”（《度人经》）是道家和道教追求的理

① 《藏外道书》（第 12 册），巴蜀书社 1994 年版，第 102 页。

想型人际关系。与儒家的爱有差等，人有亲疏远近不同，道教主张齐同“差等”与“亲疏”，甚至进一步地要求超越血缘差异，以慈爱之心没有分别地浸润他人。这样的“和同”“慈爱”有利于构建社会层面的公序良俗。百姓信奉这些教义话语并身体力行，以平等无差别的慈爱之心友善地对待他人，且“不杀不害，不嫉不妒，不淫不盗，不贪不欲，不憎不嫉，言无华绮，口无恶声”（《度人经》），在日用平常中促进了社会和谐。

3. 顺应自然的行为原则

顺应自然是道家和道教十分推崇的一个人生原则。当人生处于逆境之时，既能够不生妄念，不妄为，顺应事物本性，顺应世事发展态势，顺应自然规律、社会规律、世事规律，待时伺机而动，也不会以“躺平”或“佛系”等消极心念来对抗逆境。掌握了“顺应自然”的行为原则，就可以在人生道路上泰然自若、安然处之。

4. 崇俭抑奢的生活信条

道家和道教一直崇尚俭朴的生活方式，以“崇俭抑奢”为生活信条。老子甚至在《道德经》中提到他有三宝，其中之一即为“俭”。这个“俭”，是老子的政治哲学在逻辑上得以展开的关键点，也是其“小国寡民”政治蓝图的凝缩。“崇俭”的逻辑展开就是“抑奢”，即不能过多地占有他人及社会的资源。现代社会充斥着消费主义，商品经济成为人们主要的生活指向。人们被消费主义侵蚀，追求奢华，排斥节俭。可以说，道家所警惕的物欲对人的支配在现代社会正好发生了。在新时代，我们应该批判地继承道家道教崇俭抑奢的古训。

5. 清静恬淡的精神境界

《清静经》云："人神好清而心扰之，心好静而欲牵之，常能遣其欲而心自静，澄其心而神自清。"主张遣欲澄心，则神清心静，无有干扰。清静是道家和道教一贯追求的精神境界。要想清静恬淡，需要遣欲，"人生如欲，故孔氏曰寡欲，欲生于一念之妄，故佛氏曰妄根，欲则焰举，妄尚始然，却欲于妄，犹戒惧于隐微乎！"[①] 没有欲念之妄，则心生正念，颐神养和；如果嗜欲太过，伤身伤神，必患于老、病、夭、殇。所以应该恬淡寡欲、少思少虑、清静无为。这样的精神境界可以让人在得失荣辱中超脱出来，诗意地栖居于人世。

6. 抱朴守真的价值取向

抱朴守真作为道家的价值取向之一，同样适合现代社会。尽管现代社会物质极大丰富，科学技术也越来越发达，人们享受的物质优越、科技便利，拥有的各方面知识和信息也远超古人，但人的精神世界以及人与人之间的关系法则还是可以与古人"对谈"的。道家主张的"抱朴守真"，即真诚淳朴、诚实不虚、纯真不假、诚恳不滑、豁达廓然。坚守信条与节操……必能使人处于和谐融洽的人际关系之中，进而在事功中顺遂无碍。

7. 重视内修道德

超拔的道德水准和心性素养不仅是儒士成为圣贤的必要准备，也是道家和道教修炼有成、长生久视的必要前提。没有道德上的"修性"功夫，难有命功修为的大成就。比如，道教认为修

① （明）宋懋澄：《九龠集》，中国社会科学出版社 1984 年版，第 241 页。

仙离不开涵融人品，修养道德。只有“德行修逾八百，阴功积满三千”（《张三丰全集·玄要篇》），才可语谈神仙。没有修德的必要前提，难登仙途巅峰，正可谓“长生之诀诀何如？道充德胜即良图”（《张三丰全集·答永乐皇帝》）。道教甚至主张以抱道之身行儒家忠孝仁义之品行、济人利世之功德，要求道人在道途中践履儒家伦理。

8. 对人的安身立命、社会的和谐起到很大的作用

道家中的一些思想精华高明、博大、精深、圆融，既能精彩出色地完成世俗事务，又不执着于此，而是超然于世。道家希望在事功方面人们都有安身立命之技，便可各自为社会贡献一分力量，从而利己利人；人们又能以超拔脱俗的智慧生活于世间，养生延年。道家思想的精华对于提高个人道德水准和构筑社会伦理秩序，促进社会和谐稳定都具有重要作用。

第四节　在中国文化世界化的进程中实现道家传统的现代化

中国共产党致力于中国特色社会主义事业，为世界做出了重大贡献。首先，用成功的实践诠释了什么是社会主义、怎样建设社会主义；以理论自信开辟中国式现代化新道路，创造人类文明新形态。其次，为世界经济增长做出持续性的贡献，也是世界经济发展的稳定器。同时，在新时代，“脱贫攻坚战”获得胜利，创造了人类减贫史上的奇迹。最后，东方文化的魅力在现代化的今天越发彰显，向世界讲好中国故事，既是国内渴望，也是国际

需求。在当今全球化背景下，为了实现中华民族伟大复兴的中国梦，本着和平、发展、合作、共赢的外交原则，党和国家以先进的理念和务实的举措为世界贡献更多的“中国机遇”“中国智慧”“中国力量”“中国方案”。在政治、经济、文化等领域对世界产生了深远的影响；世界也需要中国，在中国与世界的互动中，中国文化世界化成为一种必然趋势。

一　道家传统现代化的全球化背景

“广义的现代化是指世界性的历史过程，具体说来，是指人类社会从传统农业社会向现代工业社会转变的历史进程。”[①] 现代化产生于西方，但在全球化背景下，已经成为一种世界性的力量，甚至可以说它天生就是“国际派”，所以要从世界现代化进程中把握现代性。现代化不仅改变西方，也改变整个世界，是改变每一个民族和国家历史命运的现实运动。要认识西方现代性的本质，必须结合全球化来理解，因为全球化是一部打开了的西方现代性的“发展史”。

在现代化发展到一定阶段后，全球化成为必然趋势，国与国之间的交流、交往已成为大势所趋。拒绝与他国交流、交往而自信能够靠自己的力量实现诸多发展事宜的国家几乎不可见。国际化背景不仅仅是一国单纯在外交领域所要考虑的问题，它甚至深度影响着一个国家的内政，是在决策国内政治、经济等事宜时必

① 刘国胜：《中国现代性建构与马克思主义哲学中国化》，武汉大学博士学位论文，2011 年，第 50 页。

然要考量的一极。中国的发展离不开世界，世界对中国产生了深远影响，建设、经营良好的国际关系是中国发展的必备条件之一。同样，世界也需要中国，中国是人口大国，在经济等领域具有强大的消费吞吐量，是帮助世界消化产能的重要载体。在这诸多需求之中，中国文化也是世界渴求吸收的重要标的，这为中国文化世界化提供了时代契机。

英国历史学家汤因比与日本学者池田大作曾经就东西方文明进行过对话，认为21世纪将是中国的世纪，对中华文明在21世纪的表现充满了无限希望，坚信中国文明将为未来世界转型提供无尽的文化宝藏和思想资源。汤因比甚至给出了绝对且完整的答案：世界的未来在中国，人类的出路在于中国文明。中国在过往的21个世纪完整地守护了一个超级文明，长期处于文明国家的稳定秩序之中。其中道家思想为人类文明提供了节制性与合理性发展观的哲学基础。

（一）全球化时代背景下世界历史对道家文化的呼唤

现代化既有世界性，也有民族性。现代化进程非但不以消灭民族性的存在求发展，反而是以民族的存在为前提的。道家文化是中华民族文化复兴的一分子，是新时代中国特色社会主义文化的重要组成部分。道家文化中的重要典籍《道德经》是全球销量仅次于《圣经》的作品，被称作“东方的圣经”，可见国际社会对道家文化的重视。英国科学技术史专家李约瑟写作《中国科学技术史》一书，认为因道教发展引起的中国古代的科学技术尤其是科学技术为人类做出很大贡献；西方分析心理学大师荣格在中国道教典籍《太乙金华宗旨》的基础上写作《金花的秘密》，在国际社会产生了很大影响；在全球伦理宣言中，除了将中国儒家的“己所不欲，勿施于人”奉为黄金法则以外，还引入大量的不杀、不淫、不盗等道教中的教义；西方后现代思想家们与道家的价值取向具有天然的一致性，如海德格尔与老庄思想进行了一场超时空的灿烂相遇；等等。所有这些都说明道家文化作为中国文化中的重要一极，国际社会对它比较认可并且频频抛出橄榄枝，希望汲取其精华以利本国文化的发展。道家文化不仅产生了深远影响，还会在传播的广度与深度方面继续发挥作用，而这个过程就是道家文化实现现代化的过程，也是中国文化世界化的过程，更是道家文化参与解决全球化和现代性危机的过程。

一方面，以工具理性和科学至上为圭臬的现代性危机，使倡导价值理性的呼声越来越大。面对各种挑战，为了消除困惑、化解矛盾、解决问题，需要我们发挥新时代中国特色社会主义文化的作用，在理念、体制、机制、方法等方面下功夫，客观分析存在的问题，找到问题的症结，探索解决问题的途径。另一方面，向世界推广中国，实现中国文化世界化，应选择一些能够代表国家文化“软实力”，代表国人的精神品格的文化精粹和有一定思想高度的理念传递出去。其中，道家思想作为中国文化世界化的重要参与方，可以提供行之有效的价值理念，比如“道法自然”“海纳百川”“有容乃大”“上善若水”等。

首先，需要道家“顺其自然”的理念推动全球化和现代化进程。西方以资本为中心的、两极分化的、物欲膨胀的、对外扩张掠夺的现代化“老路”，需要让位于中国式现代化的“新路”。比如，这条“新路”追求的是人与自然和谐共生的现代化，不是为了物质利益而不顾生态平衡和自然环境的现代化；追求的是顺其自然的发展，而不是揠苗助长式、急功近利式的现代化；等等。

其次，需要以道家“海纳百川”“有容乃大”等思想促进人类命运共同体的形成。世界各国人民培育和创造了各自独特的传统和文化，共同构成当今世界丰富多彩的人类文明。中华文化展现了海纳百川、有容乃大的气魄和风范，尊重各个国家和民族的传统及文化，坚持“走出去”与“请进来”并举，为人类命运共同体的构建献策出力。此外，谦逊是许多外国朋友高度赞赏的中华传统美德，在全球化背景下，我们要特别警惕刚抛弃自卑又滋生自大的倾向，让中华优秀传统文化更具亲和力和感召力，更具包容心，只有这样，才能在海外走得顺畅、走得长远。

最后，需要道家“不争”“兵者不祥”等理念助力世界和平。《道德经》认为，“夫兵者，不祥之器”，对战争持反对态度，倡导避战、免战的理念。道家认为“水善利万物而不争”“夫唯不争，是以天下莫能与之争”，道家中的“不争”思想可为世界和平“背书”。

总之，道家现代化与中国文化世界化的进程具有理念和路向上的一致性，道家在参与中国文化世界化的过程中实现现代化。中国文化世界化是一项系统工程，需政府主导、市场运作、民间社会参与等多方配合，充分调动各方面的积极性，协同推进。以道家“立足民间”的民族本位思想推动中国文化世界化为例，中华文化的根和魂都深植于广大人民群众之中，离开了民间的广泛参与，文化对外传播不仅失去了意义，也会失去内在动力。所以，应重点从体制和机制上充分挖掘国内外华人发展文化的潜力，使民间力量得到充分的释放。

（二）以“中国主体、世界眼光”推动中国文化世界化

面对全球化语境，中国应塑造自己的国际角色，以高度的理论自觉和理论自信打造中国式现代化新道路。当前的时代主题比改革开放时期的“和平与发展”更加立体和综合。进入后工业化时代，西方现代性遇到危机，世界呼唤以中国为代表的东方价值。正如梁漱溟所说，“世界文化的未来就是中国文化的复兴”。在这样的时代背景下，需要中国文化元素加入，与西方优秀文明对话交锋，以道义的担当发挥主导作用，参与现代化进程中价值世界的升级塑造，从而惠及东西方世界。这其实也是新时代中国特色社会主义文化建设的使命。归根结底，是以“马克思主义中国化、传统文化现代化、中国文化世界化”的逻辑趋向推动中国文化的世界参与。

基于此，我们应该把握“时代精神”及时代发展的基本趋势，以“中国主体、世界眼光”看待国内和国际形势。在国内，改革开放以来的四十多年间，人们在市场经济的大潮中奋斗，在满足物质欲望的同时出现了信仰缺失、精神危机、道德滑坡等消极因素。如果继续采用“激发欲望”和“满足欲望”的凯恩斯经济逻辑驱动发展，人们自身的精神危机将更加严重。在当前历史阶段，应该在政治秩序和经济秩序以外重建精神秩序。新时代中国特色社会主义文化与时俱进，激活中国传统文化的优秀资源，引入西方优秀文明，使各文化主体之间对话交流、协商共

识，从而形成新的文化生命力、信仰指导力，致力于精神秩序和价值世界的重建。在国际上，掌握道义的制高点是逐渐获得主导型国际话语权的关键，也是塑造中国国际角色的显著之处，新时代中国特色社会主义文化正是以道义的担当建设性地参与全球化进程。无论国内还是国际，都需要充分挖掘中国传统的文化资源，为中国国际角色的塑造提供智慧支撑。其中，道家文化作为新时代中国特色社会主义文化的重要组成部分之一，能够在全球化背景下通过实现现代化做出积极的贡献。

二　道家与全球伦理及人类文明对话

（一）全球伦理及人类文明对话的提出

德国基督教神学家孔汉思（Hans Küng）是全球伦理的“始作俑者”。他于1989年倡导在各宗教间建立所谓“新的伦理上的共识”，这成为全球伦理的萌芽。孔汉思于1990年编成《全球伦理》一书，综合阐发相关论点，标志着全球伦理的正式问世。其后继者是美国费城天普大学宗教学教授列奥纳德·斯威德勒（Leonard Swidler），他于1991年发表了《全球伦理普世宣言》，获得宗教领域诸多知名人士的签名。全球伦理的正式文本，是1993年8月24日至9月4日世界宗教议会第二届大会在美国芝加哥通过的《走向全球伦理宣言》。该宣言由孔汉思先生起草，与会代表6 500人参加讨论。孔汉思提出的“两项原则”——“人其人”与“己所不欲，勿施于人”，“四条规则”——“不可杀人”“不可盗窃”“不可撒谎”“不可奸淫”，获得了一定的共识。这些所谓的“共识”，正是基于宗教间的对话寻求的伦理观念上的“最低限度的共识”。实际上，寻求“全球伦理”就是关注当今人类存在的重大问题，如“和平与发展”问题、政治问题、社会问题、经济问题、环境问题等，坚持“和而不同”的原则，从各个民族文化传统中汲取可用的优质资源。

近年来活跃在世界哲学舞台的杜维明被称为“儒家的诠释学者”，他在将中国传统文化尤其是儒学引向世界方面做出了较大贡献。他认为，启蒙以来，无论是工具理性，还是现代商业文明，都具有“非人”的倾向，即让人不再是人，尤其是工业革命以后，人成为机械化大生产流水线上的工具。而“人作为人能够成为人”，绝不只是物欲满足，还有精神追求、伦理向往以及道德尊严等。人需要重新发现生命本真，重新找到本我的意义和价值，这些才是世界伦理背后真正的基石。基于上面的思考，他认为“对话时代”将取代“独白时代”，通过文明对话来考虑生态环保、社群整合、文化多元及相互参照可能会更好。

（二）道家是全球伦理和构建人类文明新形态的重要思想资源

某种意义上，全球化是“现代性的全球化”，现代性是“全球化的现代性”。对于人类古代文明，雅斯贝尔斯在《伟大哲人》一书中特别突出强调柏拉图、老子、孔子、释迦牟尼和耶稣的历史意义，且在欧美学界已成公论。他写作《历史的起源与目标》一书，将公元前500年前后定义为世界的“轴心时代”。在那个时代，希腊、以色列、印度和中国等均出现了文化的开拓者，他们分别是苏格拉底、犹太教先知、释迦牟尼、老子和孔子，这些人的思想成为他们所在民族长盛不衰、绵延不绝的精神，既能“继旧”，也能“开新”；既具有现代性，也具有全球性。那个“轴心时代”的思想笼罩四野，弥纶时空。

目前，我国进入新时代，中国共产党领导人民开辟中国式现代化新道路，创造了人类文明新形态。人类文明新形态根植于中华优秀传统文化，渊源于中华民族的文化基因。其中，以老子为代表的道家传统对人类文明而言发挥着重要作用，有很多思想资源也与全球伦理共识相合。比如，全球伦理宣言中涉及的不杀、不淫、不盗等，道教典籍《太上老君戒经》中明确提及，“第一戒杀，第二戒盗，第三戒淫，第四戒妄语，第五戒酒，是为五戒”。总之，在多样性的人类文明中追寻人类共同价值，道家传统使命重大。它还具有很多现代价值和当代意义，比如，其蕴含向善利物、谦退处下、以慈为怀、玄德至深等修身智慧；以“道生万物”“道通万物”说明宇宙万物皆有其存在的合理性及平等的存在地位的观念；追求“知止知足”“少私寡欲”“天人合一”的人生旨趣；等等。可见，道家参与全球伦理和人类文明新形态构建的过程其实就是实现现代化的过程。

三　道家与西方后现代的相通相异

（一）道家与后现代的相通之处

道家传统实现现代化具有全球化的向度，不仅因为道家传统为全球伦理所借鉴，为人类文明新形态所吸收，还因为道家与西方后现代有相通之处。西方后现代与反思后的现代性一起推动历史进步，是当今时代的思想重镇。谈道家的全球化向度，离不开探讨它与西方后现代之间的相似、相通及共生。自 20 世纪 90 年代以来，人们发现，“时尚的后现代主义竟然与中国古老的道家哲学呈现出奇妙的‘家族相似性’。比如，真理的相对性、主体的虚构性与哲学的文学性，两家几乎异口同声”①。

道家思想在对人与世界的观照中所表现出来的东方思维模式、科学人文主义精神，与后现代思潮力图超越西方传统科技发展模式并借此复归人类精神家园的诗意栖居般的向往相契合。后现代思潮能在古老的道家传统中找到自己的源头，而道家传统也能借后现代思潮获得现代之新生。古代与现代之间的共鸣、东方与西方之间的融通，不仅孕育了中西文化之间的对话和交流，更重要的是，或许能为解决人类面临的共同难题提供有益的借鉴和重要的启示。

20 世纪，以韦伯为代表的西方社会理论从精神生活和价值观念方面重新论证资本主义的历史根源及必然性，同时也放弃了对资本主义注定要灭亡的公有制预言。弗朗西斯·福山（Francis Fuknyama）甚至抛出“历史终结”论，宣称西方式的自由民主理念已经没有对手，似乎资本主义在全球的胜利正在使历史的演进过程宣告完成。实际上，现代社会的“危机”正在到来，并使人们产生了后现代意识。后现代主义思想家们依托社会问题揭露社会本质产生新思想：福柯研究性问题、精神病问题、监狱问

① 陈喜辉：“道家哲学与后现代主义的‘内在适应’之路”，《学习与探索》，2006 年第 5 期。

题，认为资产阶级运用权力创造性地为统治者服务时导致了上述社会问题；葛兰西揭露资产阶级运用文化异化人，形成文化霸权和文化领导权；卢卡奇揭示人的一切被打上了商品、货币的烙印，形成“物化”理论；德里达认为现代资本主义世界是充满死亡威胁的世界，他要求关注“他者”、重视“边缘”，反对中心主义、反对逻各斯主义；利奥塔以怀疑论姿态质疑后工业科技的负面效应，认为科学知识出现了合法性危机；海德格尔以“此在”含纳主客双方，批驳黑格尔以前的主客二分思想；詹姆逊的意识形态批判，从各角度批判了后现代工业社会，点明了其“反中心”“反逻各斯”“反基础”等特征；拉康和福柯分别以“消失主体”和“主体死亡”来批判“中心”的地位。可以说，一部后现代主义哲学思想史，更像是一部对传统形而上学的批驳史，到了后现代主义那里，价值要重新衡量、再次评估，哲学的思维方式走向了一条新路，进入了新的时代范式。

道家思想在某种程度上有助于我们避免因资本主义社会的物质主义和消费主义对人性所造成的扭曲和异化，并对在追逐现代化过程中的潜在问题和危机发出警示，我们不能忽视道家思想在全球化进程明显加快的21世纪所具有的思想资源意义。具体而言，道家与资本主义经济学一味高标生产力发展和追求增长不同，它追求“道法自然”“天人不相胜”，也可用道家不生“机心”来平衡和超越现代的技术观以及科学至上的观念。总之，后现代与道家相遇，对西方工具理性和科学至上的现代困境进行责难，在提倡自然生态学、相对主义等方面与道家具有相似的一致性。

1. 生态方面

后现代主义者抵制经济的过度增长，强调对增长设限，试图用生态主义来平衡现代文明的负面效应，从而追求人与自然的和谐发展。生态主义一度成为西方后现代主义理论话语中的核心建构。托马斯·伯里（Thomas Berry）甚至把后现代文化说成一种生态时代的精神。大卫·雷·格里芬（David Ray Griffin）指出，后现代思想是彻底的生态主义的，提倡建构一种新的文化范式。与我国古代老庄思想一样，后现代生态主义哲学建立在批判文明进步的负面效应上。

在生态方面，道家与后现代有大量一致的理念诉求。从石器时代的狩猎采集到农业革命，再到以机器生产为标志的工业革命，人类步入了注重经济增长、破坏环境的恶性循环。道家自然无为的生活方式也许可以避免陷入这一恶性循环。道家早就独具慧眼地看到无限制扩大生产与消费对人自身的危害，特别标举出“民居不知所为，行不知所之，含哺而熙，鼓腹而游”的生活理想，希望通过节制人的野心和贪欲来达到人与自然的和谐。

2. 解构理性

后现代主义的批判，包括抵制传统的“主体性”，批判“理性至上”，反对统一性，拒绝普遍性，通过解构理性传统，呼吁“重写现代性”。为了开启新思想，强烈要求打碎、撕毁、消解、遗忘以往的一切旧传统，实现解构。解构，就是消解结构。这里的结构实质上是指西方文化之根，而不仅仅指文本结构，意指对“结构主义”的反对，对“逻各斯中心主义”的批判，对“在场主义”的否定，对本质主义和理性主义说“No”。与之相反，解构“喜欢”和“赞成”的，那就是追求“不在场”，赞赏“虚无”，点赞“否定性”和“差异性”，高度评价“自由性”和“游戏性”。总之，“解构”就是通过“消解”和“颠覆”来否定旧传统，以挣脱枷锁、逃离束缚，过上逍遥自由、开放可变的生活。比如，福柯以语言学、考古学等反对理性，标榜非连续性、非层次性、边缘性、不熟悉性、多样性等特征，这些特征又呈现出系统性；拉康以“语言游戏论”消解主体理性，认为“主体之间”不是“有意识”，而是“无意识”，表现出非理性倾向；维特根斯坦对逻辑语言进行非系统性的认识，并形成“日常语言游戏说”；德里达的“反逻各斯中心主义”对理性进行直接且尖锐的批判。同样，道家认识论主张“直觉”思维，而不是理性思维，其直觉性、整体性思维也对理性进行了反抗及解构。

3. 回到自然的生存状态

如同格里芬提倡人对自然的“返魅”，即恢复人与自然的混沌状态，恢复人对宇宙的迷魅和敬畏一样，海德格尔主张诗意地栖居并绽放生命，庄子主张回归自然、与道相合的“贵生”境界。在回到自然的路上，二者再次相遇。

此外，在反对工具理性、具有相对主义以及整体主义倾向方面，二者也有相似之处。

（二）道家与后现代在相通基础上的差异性

道家与西方后现代思想有相通之处，但也有差异。道家思想虽然与后现代思想具有很多相通、相似的地方，但是由于二者之间具有时空差异性，在文化背景、思维方式、生存处境以及时代关切等方面都有很大的不同，这使得二者之间具有明显的差异性。正是因为差异性的存在，才使得后现代与道家可以互相吸收思想精华，同时也使道家具有了全球化的向度。

海德格尔的哲学主要是理性思维、对象性思维，延承的是西方逻各斯传统。他致力于为哲学史上的“存在”解蔽，认为“存在”不是“存在者”，而且是“存在”（即“是”）；“存在者”是实体名词，“存在”是动词，是过程；他认为哲学目的是追问“存在者”的存在，以及为什么存在、怎样存在，而不是追问“存在是什么”；“存在”的意义不仅是成为“存在者”，而且是“为存在本身而存在”，这个意义因人而显现。海德格尔将“真理”还原为希腊语之“无蔽”，强调真理乃是存在的显现。“此在”根本不存在之前，任何真理都不存在；“此在”根本不存在之后，任何真理也都将不在。海德格尔试图通过理性抽象达到最高的普遍性以揭示真理，对以往的哲学而言是一种颠覆。此外，在海德格尔的哲学系统里，尽管“目视”所见的是抽象对象，而“寻视”则针对在此在的生存活动中展现的具体对象。但是，无论是一般感官的“目视”，还是哲学意义上的“寻视”，都拘泥于“对象”，所以他的哲学始终是一种对象性思维表达。

而老庄哲学主要是对生命的体察。老子认为世界的本原是道，庄子认为世界的本原不可知，都希望回归本原，持守原始的混沌。老庄在境界上体现了直观、非逻辑、非对象化的特征。在生命体察上，主张以道观万物，以心体道，标榜一种物我两忘的“专注”，类似庄周梦蝶的境界，以“物化”消解了自己与对象的差别，彰显的是一种非逻辑的“混沌”与“直觉”。道家天人合一、物我两忘的非对象性思维方式，使有限生命通过合于“道”而实现无限超越。中国人立象以尽意，非此非彼又即此即彼的表达方式，完全不同于西方的逻各斯传统。

此外，海德格尔哲学具有革命性的一面，将人和真理都放在具体的情境中去考量，追求人的本真状态，向往人的超越性，对人生的态度积极有为且自由。他认为语言是存在的家，用“诗”和“思”去表达一种直观。而老庄哲学则注重精神自由和逍遥无待，无论外在怎样，都可喜怒哀乐不入于胸次，最大限度地实现心内的自由与逍遥，人生态度淡然、安适、无为，以“生命”的直观去诠释存在。

以差异求共识。道家传统的精华值为西方世界所用，为道家的全球化向度开启了一扇智慧之门。

结　语

马克思主义本土化、传统文化现代化和中国文化世界化

真正实现道家现代化，需要将道家现代化的实现与马克思主义中国化新形态的构建相结合，这样既有利于道家传统的现代化，也有利于马克思主义主流意识形态的巩固和发展，同时推动新时代中国特色社会主义文化的建设进程。

时代呼唤道家思想与其他优秀理论资源的共同发展。一方面，马克思主义理论作为主流意识形态，为了保持理论的兴盛不衰，持久地指导中国特色社会主义实践，既要融合其他优秀理论资源，又要随着时代的变迁不断地升级为新的理论形态，以满足新的实践需求，所以，构建马克思主义中国化的新形态是一种理论的必然。而马克思主义理论无论是在生态领域、人文社会领域还是其他诸多领域，都对道家文化资源呈现出较为强烈的文化认同感和亲近感，作为本土文化的道家，也必将为马克思主义理论的大众化起到助推作用。另一方面，西方后现代理论在内在的理论诉求和外在的时代背景下对道家进行积极主动的借鉴。西方后

现代理论在纯思领域与道家文化具有相通之处，当后现代遇到理论挑战或理论瓶颈时，能够在古老的东方道家思想中找到超越的理论论证，并在解构现代性的同时具有隐约的建构性。而且道家文化能够帮助后现代理论充实自己的思想，并以“道”的高度扬弃和超越现代性，进而与现代性达成新的升级版的共识，从而共谋东西方现代性的正确未来。在现代化和全球化的背景之下，道家显示出超拔于其他文化资源的优势，为中西方学者所重视。总之，时代呼唤道家资源与其他优秀理论资源一起共同为人类进步做出贡献。

马克思主义理论、中国传统文化精华、西方优秀文明成果是新时代中国特色社会主义新文化的重要组成部分。中国特色社会主义新文化的构建，需要这三个组成部分以三个向度实现逻辑与历史的统一，分别是马克思主义中国化、传统文化现代化、中国文化世界化。

一　马克思主义中国化、传统文化现代化、中国文化世界化概说

首先，马克思主义中国化是新时代中国特色社会主义新文化的指导思想和理论主体。党的历任领导人都强调马克思主义理论的指导地位坚决不能动摇，中国特色社会主义文化必须以马克思列宁主义、毛泽东思想为指导，不能搞指导思想的多元化。马克思主义中国化包含两层意思：第一，马克思主义中国化是将马克思主义与中国的具体实践相结合，解决中国的革命和建设问题。

第二，马克思主义中国化是马克思主义与中华优秀传统文化相结合，因为传统以活的基因在绵延传承，一方面进入人的头脑，形成意识、意义、价值观，另一方面以风俗习惯、制度、文字、古器物等形式被传承下来，这些都是马克思主义中国化的重要依托。

其次，传统文化现代化是指传统文化适应现代社会的需要和特点，进行创造性转化和创新性发展，被赋予现代的内容和形式。第一，传统文化只有现代化，才能“活在当下”，成为活生生的东西，具有自己的生发力，符合现代化的逻辑趋向。当然，传统文化现代化并不意味着照搬传统，而是将传统引入新的时空，进入现代化的多极矛盾体并占有一席之地，从而参与新时代中国特色社会主义文化建设。第二，传统文化要想在当前发挥作用，必须要实现现代化，它不仅具有和马克思主义相结合的必要性，还应该具有主动纳入社会主义核心价值体系的自觉性。因为只有这样，才更加有利于在现代化实践中发挥作用。

最后，中国文化世界化是指中国传统文化走出国门、走向世界，在价值观、民族文化和艺术等方面对世界文明进步做出有益的贡献，也是指中国化马克思主义的国际影响力。一方面，这里的中国文化，指的是新时代中国特色社会主义文化，包括中国化了的马克思主义，即中国化马克思主义新形态，也包括现代化了的传统文化。中国化马克思主义具有时代先进性和普遍价值，因而具有世界意义；中国传统文化博大精深，同样对解决当今世界问题有借鉴作用，比如西方后现代思想与中国道家思想灿烂相遇并从中借鉴，全球伦理在构建的过程中引用了中国道家传统思想。另一方面，中国化马克思主义要想在新时代创新发展，也离不开对西方优秀文明成果的借鉴，中国传统文化在做好国内传承的同时也需要走出国门，做好国外传播，并且吸纳优秀的国外文明以期实现更好的现代化。就在这有“进”有“出”、“走出去”“拿进来”的互动过程中实现中国文化世界化。

二 马克思主义中国化、传统文化现代化、中国文化世界化的逻辑关系

首先，三者环环相扣，经过循环形成螺旋式上升态势。“马克思主义中国化”的“中国化”诉求要求“传统文化”的介入，“传统文化现代化”的“现代化”诉求要求中国文化“世界化”，“中国文化世界化”推动“马克思主义中国化”升级再塑，再推动“传统文化现代化”跃层升华，依次循环，形成新时代中国特色社会主义文化的螺旋式上升发展态势。在这样的态势下，必能成功构建马克思主义中国化的新形态，形成 21 世纪马克思主义的新成果！

其次，“马克思主义中国化”和“传统文化现代化”是“中国文化世界化”的基础。一方面，实现马克思主义中国化，需要传统文化现代化，这两方面是同时进行的，是合在新时代中国特色社会主义文化建设的同一个过程中的。马克思主义中国化的过程包含传统文化现代化。习近平总书记不遗余力地倡导弘扬传统文化，表明中国共产党是中华优秀传统文化的忠实继承者和弘扬者，提出传统文化是中国人的根与魂，极其重视

对传统文化的借鉴与传承。传统文化成为党在国内与民同心、在国际上树立国家形象的重要载体。同样，传统文化要想实现现代化，如果没有马克思主义中国化这艘大船的承载，也难有作为。另一方面，中国传统文化现代化已经日益为西方所熟悉，随着外交战略以及国家形象的广泛传播而越来越“世界化”；马克思主义中国化在指导中国革命取得胜利、建设取得成功后，在新时代中国特色社会主义建设中更加成绩斐然，中国经济的迅猛发展以及人民生活水平的提高证明了中国化马克思主义的科学性和合理性。“马克思主义中国化”和“传统文化现代化”推动了中国文化世界化。

最后，马克思主义中国化、传统文化现代化、中国文化世界化，三者关联在“民族性”和“民族文化”上。以马克思主义为指导，以民族文化为生发点，以国际化和现代化为背景，开创具有国际影响力的新时代中国特色社会主义文化，是时代使命。在古今中外的四个维度上将马克思主义中国化、传统文化现代化、中国文化世界化统一起来。

本书择取传统文化中的道家学说为标的，探讨在当前国情下，如何在马克思主义指导下汲取道家文化传统的精华为时代精神服务，为建设新时代中国特色社会主义文化奉献智慧之力。

参考文献

一　经典文献

[1] 马克思恩格斯全集：35 卷［M］. 北京：人民出版社，1971.
[2] 马克思恩格斯全集：3 卷［M］. 北京：人民出版社，1956.
[3] 马克思恩格斯文集：10 卷［M］. 北京：人民出版社，2009.
[4] 马克思恩格斯文集：1 卷［M］. 北京：人民出版社，2009.
[5] 马克思恩格斯文集：9 卷［M］. 北京：人民出版社，2009.
[6] 毛泽东文集：6 卷［M］. 北京：人民出版社，1999.
[7] 毛泽东选集：3 卷［M］. 北京：人民出版社，1991.
[8] 毛泽东选集：4 卷［M］. 北京：人民出版社，1991.
[9] 邓小平文选：3 卷［M］. 北京：人民出版社，1993.
[10] 习近平谈治国理政［M］. 北京：外文出版社，2014.

二　典籍

[1] 刘向 . 贾谊新书 · 大政上［M］. 上海：上海人民出版

社，1976.

[2] 司马迁．史记·管晏列传［M］．北京：中华书局，1998.

[3] 司马迁．史记·货殖列传［M］．北京：中华书局，1998.

[4] 藏外道书：12册［M］．成都：巴蜀书社，1994.

[5] 道藏：15册［M］．北京：文物出版社、上海书店、天津古籍出版社，1988.

[6] 道藏：19册［M］．北京：文物出版社、上海书店、天津古籍出版社，1988.

[7] 道藏：20册［M］．北京：文物出版社、上海书店、天津古籍出版社，1988.

[8] 道藏：21册［M］．北京：文物出版社、上海书店、天津古籍出版社，1988.

[9] 道藏：24册［M］．北京：文物出版社、上海书店、天津古籍出版社，1988.

[10] 道藏：27册［M］．北京：文物出版社、上海书店、天津古籍出版社，1988.

[11] 道藏：28册［M］．北京：文物出版社、上海书店、天津古籍出版社，1988.

[12] 道藏：2册［M］．北京：文物出版社、上海书店、天津古籍出版社，1988.

[13] 道藏：4册［M］．北京：文物出版社、上海书店、天津古籍出版社，1988.

[14] 道藏要集选刊：一册［M］．影印本．上海：上海古籍出版社，1989.

[15]《道德经》。
[16]《列子·杨朱》。
[17]《孟子·尽心上》。
[18]《孟子·尽心下》。
[19]《墨子·七患》。
[20]《尚书·蔡仲之命》。
[21]《尚书·秦誓》。
[22]《尚书·五子之歌》。
[23]《云笈七签》卷三九。
[24]《正统道藏》第41册，中国国家图书馆藏。
[25]《正统道藏》第42册，中国国家图书馆藏。
[26]《正统道藏》第43册，中国国家图书馆藏。
[27]《庄子·秋水》。

三 中文专著

[1] 张之洞．劝学篇·设学第三［M］．北京：中华书局，2016.
[2] 陈国符．陈生玺序［M］//中国外丹黄白法考．上海：上海古籍出版社，1997.
[3] 陈先达．马克思主义和中国传统文化［M］．北京：人民出版社，2015.
[4] 陈先达．中国百年变革的重大问题［M］．北京：人民出版社，2019.
[5] 陈撄宁．道教与养生［M］．北京：华文出版社，2000.

[6] 陈撄宁．读《化声自叙》的感想［M]//道教与养生．北京：华文出版社，2000.

[7] 陈撄宁．论《四库提要》不识道家学术之全体［M]//道教与养生．北京：华文出版社，2000.

[8] 董光璧．当代新道家［M]．北京：华夏出版社，1991.

[9] 方东美．方东美先生演讲集［M]．台北：黎明文化事业公司，1980.

[10] 冯友兰．中国哲学简史［M]．北京：北京大学出版社，1985.

[11] 傅勤家．中国道教史［M]．北京：东方出版社，2008.

[12] 顾颉刚．纂史随笔（一）［M]//顾颉刚读书札记：1卷．台北：台北联经出版事业有限公司，1990.

[13] 管曙光．诸子集成：1册［M]．长春：长春出版社，1999.

[14] 郭齐勇．熊十力与道家［M]//陈鼓应．道家思想在当代．专号．北京：生活·读书·新知三联书店，2003.

[15] 韩庆祥，邹诗鹏．人学：人的问题的当代阐释［M]．昆明：云南人民出版社，2001.

[16] 胡适．陶弘景的《真诰》考［M]//蔡元培先生六十五岁论文集：下．台北：台北“中央研究院”历史语言研究所，1935.

[17] 胡伟希．从“无极而太极”看金岳霖的新道家思想［M]//陈鼓应．道家思想在当代．北京：生活·读书·新知三联书店，2003.

[18] 金岳霖．论道［M]．北京：商务印书馆，1985：193.

[19] 李约瑟．中国科学技术史：二卷［M］．北京：科学出版社，1990.

[20] 梁启超．欧游心影录节录［M］//饮冰室合集：二十二．北京：中华书局，1989.

[21] 梁启超．中国历史研究法［M］．北京：东方出版社，1996.

[22] 刘泽华，葛荃．中国古代政治思想史［M］．天津：南开大学出版社，2001.

[23] 鲁迅．鲁迅全集：九卷［M］．北京：人民文学出版社，1958.

[24] 牟宗三．从儒家的当前使命说中国文化的现代意义［M］//道德理想主义的重建：牟宗三新儒学论著辑要．北京：中国广播电视出版社，1993.

[25] 饶宗颐．老子想尔注校证［M］．上海：上海古籍出版社，1991.

[26] 宋志明．现代新儒学的走向［M］．北京：北京师范大学出版社，2009.

[27] 谭大友．生存智慧的当代阐释［M］．北京：社会科学文献出版社，2007：223.

[28] 王明．抱朴子内篇校释：卷七［M］．北京：中华书局，1985.

[29] 王明．太平经合校［M］．北京：中华书局，1960：23.

[30] 王治心．中国宗教思想史大纲［M］．上海：上海三联书店，1988.

[31] 熊十力．十力语要：卷三［M］．上海：上海书店出版社，2007.

[32] 徐复观．中国人性论史·先秦篇［M］．台北：台湾商务出版社，1984.

[33] 徐复观．中国艺术精神［M］．北京：春风文艺出版社，1987.

[34] 叶秀山．叶秀山全集［M］．南京：江苏人民出版社，2019.

[35] 张斌峰．试论道家哲学在冯友兰新理学中的地位与作用［M］//陈鼓应．道家思想在当代．北京：生活·读书·新知三联书店，2003.

[36] 张岱年．中国哲学史方法论发凡［M］．北京：中华书局，2005.

[37] 张东荪．认识论［M］．北京：商务印书馆，2017.

[38] 甄莺．笑道论［M］//老子消冰经．中华书局，1958.

[39] 卓新平．从“文化强国”战略看中国传统文化及宗教的意义［M］//载卓新平．马克思主义宗教观研究：2 辑．北京：中国社会科学出版社，2012.

四　中文译著

[1] 黑格尔．哲学史讲演录：1 卷［M］．北京：商务印书馆，1959.

[2] 霍克海默，阿多诺．启蒙辩证法［M］．渠敬东，曹卫东，译．上海：上海世纪出版集团、上海人民出版社，2006.

［3］韦伯．儒教与道教［M］．南京：江苏人民出版社，2003.

［4］韦伯．新教伦理与资本主义精神［M］．黄晓京，彭强，译．成都：四川人民出版社，1986.

［5］黄秉泰．儒学与现代化：中韩日儒学比较研究［M］．北京：社会科学文献出版社，1995.

［6］大卫·奥格威．广告大师奥格威：未公诸于世的选集［M］．庄淑芬，译．北京：机械工业出版社，2003.

［7］马尔库塞．单面人［M］．左晓斯，等译．长沙：湖南人民出版社，1988.

［8］霍布斯鲍姆．戴弗里吉亚软帽的中国人：李约瑟［M］//断裂的年代：20 世纪的文化与社会．林华，译．北京：中信出版社，2014.

［9］李约瑟．孔子诞生 2500 年纪念［M］//四海之内：东方和西方的对话．北京：生活·读书·新知三联书店，1987.

［10］李约瑟．中国和西方的科学和农业［M］//李约瑟，李大斐．李约瑟游记．余廷明，等译．贵阳：贵州人民出版社，1999.

［11］李约瑟．中国科学技术史：2 卷［M］．北京：科学出版社，1990.

五　期刊

［1］艾四林．哈贝马斯交往理论评析［J］．清华大学学报（哲学社会科学版），1995（3）.

［2］陈独秀．随感录（十四）［J］．新青年，1918，5（1）.

[3] 陈来．大陆儒学一百年［J］．东方养生，2011（7）．

[4] 陈喜辉．道家哲学与后现代主义的“内在适应”之路［J］．学习与探索，2006（5）．

[5] 陈学明．必须反对在现代性问题上的两种错误观点［J］．马克思主义与现实，2005（4）．

[6] 程广云．后现代：走向多元的现代性［J］．哲学研究，2005（5）．

[7] 杜维明．全球伦理的儒家诠释［J］．文史哲，2002（6）．

[8] 冯俊．从现代主义向后现代主义的哲学转向［J］．中国人民大学学报，1997（5）．

[9] 韩震．本质范畴的重建及反思的现代性［J］．哲学研究，2008（12）．

[10] 何毅亭．习近平新时代中国特色社会主义思想是21世纪马克思主义［N］．学习时报，2020-06-15．

[11] 侯才．“中国现代性”的追寻：对当代中国哲学发展主线的一种描述［J］．哲学研究，2010（4）．

[12] 胡辉华．试论哈贝马斯对后现代主义的分析［J］．马克思主义研究，1999（4）．

[13] 胡军．方东美哲学思想的道家精神［J］．中国哲学史，2000（1）．

[14] 胡哲敷．道家哲学与道教（续）［J］．新中华，1933，1（20）．

[15] 姜辉．在推进“两个伟大革命”中践行党的执政使命［J］．中国党政干部论坛，2020（6）．

[16] 孔令宏．建设性后现代主义与庄子思想［J］．求是学刊，1998（3）．

[17] 孔令宏．现代新儒家与新道家［J］．杭州师范学院学报（社会科学版），2007（6）．

[18] 李剑．对人的生存境况的终极性反思：老庄与海德格尔的遇合［J］．兰州学刊，2003（6）．

[19] 李钦勇．从传统文化看未来的挑战［J］．中国文化月刊，1987（90）．

[20] 刘述先．有关“全球伦理与宗教对话”的再反思［J］．中国社会科学院研究生院学报，2001（6）．

[21] 刘涛．汤因比的预言：中国文明将照亮21世纪［J］．社会观察，2013（3）．

[22] 刘武根．近年来我国哲学界马克思现代性思想研究述评［J］．教学与研究，2007（8）．

[23] 陆庆祥．庄子休闲哲学略论［J］．贵州社会科学，2011（7）．

[24] 吕有云．论鲁迅的道教文化观［J］．宗教学研究，2003（3）．

[25] 论宗教［N］．申报，1920-06-07：1版．

[26] 彭清深．司马迁经济思想分析［J］．青海民族学院学报，1992（4）．

[27] 钱玄同．中国今后之文字问题［J］．新青年，1918，4（4）．

[28] 曲艺．西方马克思主义思潮概述［J］．科教导刊（中旬刊），2011（9）．

[29] 唐君毅．中国文化与世界［J］．（香港）民主评论，1958，9（1）．

[30] 王树人．中西现代性论纲［J］．江苏行政学院学报，2003（2）．

[31] 王治河．作为一种生活方式的后现代主义［J］．北京大学学报（哲学社会科学版），2006（3）．

[32] 郗戈．马克思“中国—东方”论说与中国现代性建构［J］．中共浙江省委党校学报，2008（4）．

[33] 新青年：第四卷第四号［M］．影印本．北京：人民出版社，1954．

[34] 新青年：第五卷第二号［M］．影印本．北京：人民出版社，1954．

[35] 杨耕．后现代主义与现代主义、马克思主义关系的再思考［J］．文史哲，2003（4）．

[36] 杨耕．马克思主义哲学与后现代主义在当代的相遇［J］．学术界，2000（2）．

[37] 杨玉生．老子哲学与道教思想之矛盾［J］．滇声，1935（2）．

[38] 姚大志．后现代主义与启蒙［J］．社会科学战线，2005（1）．

[39] 俞可平．重新思考马克思主义对资本主义的批判［J］．战略与管理，1994（5）．

[40] 俞吾金．马克思对现代性的诊断及其启示［J］．中国社会科学，2005（1）．

[41] 袁银传，杨乐强．西方马克思主义的批判路径及其启示［J］．中国社会科学，2012（5）．

[42] 张盾．论马克思主义哲学研究应以现代性为问题背景［J］．求是学刊，2005（1）．

[43] 张立波．后现代思想家与马克思［J］．天津社会科学，2000（2）．

[44] 张世英．“后现代主义”对“现代性”的批判与超越［J］．北京大学学报（哲学社会科学版），2007（1）．

[45] 赵敦华．也谈“全球伦理”，兼论宗教比较的方法论：从孔汉思的《全球责任》谈起［J］．哲学研究，1997（12）．

[46] 韩纳枫．中西伦理学交流的新领域：道德和市场经济的关系［J］．哲学研究，1997（4）．

后　记

本书是我2016年在中共中央党校哲学学科从事博士后研究的科研成果。经过几年的打磨、丰富、补充，得到了中央党校和中国社会科学院十几位学者的认可，对我而言，这是比较大的科研鞭策和学术鼓励。

本人长期致力于马克思主义基本理论与中华优秀传统文化相结合的研究。首先在传统文化“双创”领域着力，发表《困境与出路：新时代传统儒学“双创”探析》，以儒学为例，正视传统文化在创造性转化和创新性发展上遇到的瓶颈，并给出突破困境的学理探析和实践出路；参与“双创”的重大课题，成为中国社会科学院创新工程重大专题项目“中华优秀传统文化创新转化与新时代中国特色社会主义文化建设”成员，并作为主要参与人之一写作两章共5万字的内容，纳入项目成果；成为中国社会科学院重大创新项目“中华传统文化扬弃研究”成员，并作为主要参与人写作2万字，纳入项目成果，更加懂得对待传统要有鉴别地看待，扬弃地继承。继而在“坚持马克思主义基本原理同中国具体实际相结合、同中华优秀传统文化相结合”方面深耕，参与“中国社会科学院研究所创新工程项目”之“马克思主义基本原理同中国具体实际相结合、同中华优秀传统文化相结合研究”；在习近平总书记2021年建党百年庆祝活动后，提出不断丰富、完善和发展中国特色社会主义党和国家典礼制度后，积极申报项目“中国特色社会主义大党大国典礼制度”，并成功获得了2022年国家社科基金，将党和国家的礼制与中华传统礼制文明相结合，发表《礼贯古今：以大党大国典礼制度彰显中华礼制文明》等多篇文章；2022年参加完十九届中央第九轮巡视之后，申报项目“新时代巡视制度改革对中国古代巡视制度的继承与创新”，并成功获得中国社会科学院新时代党建研究中心和中国共产党巡视理论研究中心2023年度资助，借鉴中华优秀传统文化中的巡视精髓，服务当前的巡视理论和实践。随后从“中华文化和中国精神的时代精华”这一较难突破的命题入手展开研究，发表《中华文化和中国精神的时代精华之哲学论析》《中华文化和中国精神的时代精华：历史逻辑、时代特征及科学内涵》。在这期间，除了发表《新时代推进马克思主义中国化的关键》等马克思主义理论的论文，还写作并发表了中华优秀传统文化的专门论文，比如《“道统无极生太极”：道教哲学与宋代理学的本体论互参》（发表在《世界宗教文化》并被人大复印资料全文转载）、《从般若之真、法喜之乐到慈悲之善——论佛教的情感体验》、《五四时期道教批判述论》、《道教诗歌中的儒家文化观照——对张三丰〈云水前集〉诗歌文本的再发现》等，希望以中华传统文化领域的扎实研究匹配“双创”“两结合”“时代精华论”的研究。在这个过程中，对马克思主义理论与中华优秀传统文化的融通与结合做了分阶段的递进式的深入研究，进行科研创新的深度思考，也付出了艰辛的学术努力，最终使相关想法和大量文字凝练为本书。

本书的核心立意就是以道家传统为例，探讨中华优秀传统文化的现代化及其对新时代文化建设的参与，对马克思主义中国化、传统文化现代化以及中国文化世界化之间的逻辑关系进行论证，探赜作为主流意识形态的马克思主义理论和作为中华民族本土资源的传统文化在新时代到底该怎样结合，以什么为标准去结合，结合之后形成的最新理论成果如何指导社会生活实践，如何为民所用，如何实现学术理论的大众化传播。

在研究过程中，为了更加系统地做好道家传统现代化与新时代文化建设的研究，更加深入地处理好本土道学思想资源与21世纪马克思主义本土化这两个“本土”的相遇问题，更加精准地落脚于习近平新时代中国特色社会主义思想，本书在论证布局、论证标准及理论贡献方面做了如下创新：首先，做出逻辑布局。以上、中、下三篇展开逻辑论证，以“道家现代化何以必要”提出问题关注点，以“道家现代化何以可能”展开理论论证，以“道家现代化何以实现”进行实现路径论证。其次，确定论证标准。以马克思主义理论的历史唯物主义观点、社会形态变革理论等为道家传统的现代化设定了学理上的标准。在这一标准下，道家传统现代化的论述就有章可依、有准可据，且能保证论证的饱满性和完整性。最后，做出理论创新。注重中国哲学、西方传统哲学、西方近现代哲学、马克思主义哲学的跨学科交叉研究，在融汇中西马哲学的学科背景下，在中国近现代转型的历史际遇下，以解决新时代的现实问题为出发点，带着问题意识思考中国道家本土思想资源需要现代化，以及怎样现代化的问题，进一步思考如何为新时代中国特色社会主义的文化建设做出理论贡献。除此之外，还从文本学、发生学、解释学、目录学等角度做了研究方法的创新。

在当前“坚持马克思主义基本原理同中国具体实际相结合、同中华优秀传统文化相结合”的背景下，中国特色社会主义新文化的构建需要借鉴道家文化中的精华要素，因为无论是全球伦理大会还是中国文化的世界传播，都离不开道家这一重要的本土思想资源，而且道家现代化也只有在坚持马克思主义理论为指导的中国特色社会主义新文化的大平台下才能真正得以实现。本书作为“中华优秀传统文化与新时代中国特色社会主义文化建设”方面的著作，正是题中应有之义。与国内诸多儒家现代化出版物不同，道家现代化的出版物较少，本书具有选题视角的创新性，以及解决传统文化现代化问题的独特性。

本书的成形过程记述如上，专为记录这段值得铭记的学习和研究时光，是为后记。

徐沐熙

2023 年春于中国社会科学院